# कारागार

*(जेल-जीवन का आन्तरिक चित्र, कस्तूरबा गाँधी की गुजराती से हिन्दी भाषा में अनूदित प्रस्तावना सहित)*

लेखिका

**श्रीमती उर्मिला देवी शास्त्री**

*प्रस्तुति*

**डॉ. क्षमा शंकर पाण्डेय**

**डॉ. अनुपमा सिंह**

वाणी प्रकाशन

वाणी प्रकाशन
*4695, 21-ए, दरियागंज, नयी दिल्ली 110 002*

शाखा

*अशोक राजपथ, पटना 800 004*

फ़ोन : +91 11 23273167 फ़ैक्स : +91 11 23275710

www.vaniprakashan.in
vaniprakashan@gmail.com
sales@vaniprakashan.in

KARAGAAR
*by* Shrimati Urmila Devi Shastri
*Presentation by* Dr. Kshama Shankar Pandey, Dr. Anupama Singh

ISBN : 978-93-87648-91-3
Memoirs



प्रथम संस्करण

मूल्य : ₹ 295



*सिटी प्रेस, दिल्ली-110 095 में मुद्रित*

*वाणी प्रकाशन का लोगो मक़बूल फ़िदा हुसेन की कूची से*

त्यागमूर्ति

*श्रद्धेय श्रीयुत जमनालाल बजाज*

के

कर कमलों में

सादर उपहार

जिस यात्रा की यह कहानी है, उस मार्ग पर चलने की प्रथम प्रेरणा आप ही के द्वारा मेरे हृदय में उत्पन्न हुई थी।

**उर्मिला**

# मुक्ति की तलाश में 'कारागार'

पिंजरे में बन्द मैना की तरह, कभी अपनी नियति को कोसती, कभी अपने पंखों के अभाव को विसूरती तो कभी पिंजरे की दीवारों से टकराकर लहूलुहान होती भारतीय स्त्री का जीवन भी एक खुली जेल की तरह है। जेलर यदि थोड़ा उदार हुआ तो कुछ सुविधायें और उपभोग सामग्री उपलब्ध करा देता है, ताकि इन क़ैदियों को स्वामिनी होने का भ्रम हो जाये। जबकि यह आयोजन मालिक के वैभव प्रदर्शन का आयोजन अधिक होता है, क़ैदी की सुविधा और ख़ुशी का कम। शृंखला की कड़ियों को झनझनाती वह बहुस्तरीय कारागार को निरन्तर देखती-परखती रही है। दरअसल हमेशा सत्ता केवल समर्थन की आवाज़ सुनना चाहती है। असहमति, प्रतिरोध और जाग्रत चेतना कभी उसे सह्य नहीं होती। फलतः वह साम, दाम, दण्ड, भेद का प्रयोग करते हुए निरन्तर उसके दमन का प्रयास करती है। स्त्रियों के सन्दर्भ में एक कड़वी सच्चाई यह भी है कि उसे क़ैद करने वाले उसके तथाकथित अपने ही हैं और वह कातिल को ही मसीहा मानने को विवश है।

सामाजिक सत्ता-संघर्ष में अधिकार सम्पन्नता से अधिकार विपन्नता की यात्रा करती हुई स्त्री ने कारागार के विविध रूप देखे हैं। यदि ऐसा नहीं था तो सुरक्षा और संरक्षण के नाम पर स्मृतियों का यह फ़तवा कहाँ तक सही था कि–

"पिता रक्षति कौमारे, भर्ता रक्षति यौवने।
पुत्रः रक्षति वृद्धत्वे, नहि स्त्री स्वातन्त्र्यं अर्हति॥"

अर्थात् यहाँ पर तान टूटी कि स्त्री के लिए स्वतन्त्रता की आवश्यकता नहीं है। इसके विपरीत यदि कहीं कोई अकुलाहट, छटपटाहट या आहट दिखायी या सुनायी पड़ी तो तरह-तरह के बन्धन तो हैं ही। अनुशासन के नाम पर करणीय और अकरणीय की एक लम्बी फेहरिस्त व्यवस्था के झण्डाबरदारों द्वारा जारी की जाती है और यह सब होता है मनचाहे साँचे में ढालने के नाम पर। यदि कभी इस अनुशासन के विरुद्ध जाने की या अपनी इच्छानुसार अपना आकाश

पाने की कोई कोशिश की जाती है तो दण्ड संहितायें तो हैं ही। साँप काटेगा, स्टोव फटेगा, आत्महत्या होगी या इतने पर भी कोई बचा तो पंचायतों के निर्णय तो हैं ही जो या तो उसे मृत्युदण्ड देंगे या बहुत उदार हुए तो डायन बता देंगे। हथकड़ी, बेड़ी न लगी होने पर भी वह बराबर नज़रबन्द तो है ही। अपनी इच्छा से, मनचाहा करते हुए वह जी नहीं सकती। ऐसे में वह प्रायः इन स्थितियों को अपनी नियति मान लेती है।

स्त्री-जीवन की विडम्बनाओं के विरुद्ध यदा-कदा संघर्ष के चिह्न भी मिलते हैं। इस खुले कारागार से बन्द कारागार की यात्रा भी महिलाओं ने की है। मध्यकाल में रज़िया सुल्तान और जहाँआरा की क़ैद इतिहास प्रसिद्ध घटनायें हैं। आधुनिक काल में अंग्रेज़ों के आने के बाद स्त्रियों के जेल में जाने की घटनाओं में वृद्धि होती है। अठारह सौ सत्तावन से पूर्व कारागार में पहुँचने वाली महिलाओं में अवध के बादशाह की बेगम नवाब मुन्ना जान और महाराजा रणजीत सिंह की रानी जिन्नत कौर या जिन्दाँ या रानी चेन्नम्मा आदि महत्त्वपूर्ण थीं। अठारह सौ सत्तावन के समर के दौरान जनसामान्य से आयी हुई स्त्रियों ने कारागार का वरण किया। मुजफ्फरनगर की असगरी, शोभा देवी शर्मा, हबीबी, मामकौर आदि वे महिलायें थीं जो सामान्य वर्ग से आयी थीं और स्वतःस्फूर्त ढंग से युद्ध में सम्मिलित हुईं। वे पकड़ी गयीं। कारागार में बन्द हुईं और अन्ततः फाँसी पर चढ़ीं या जला दी गयीं।

देश में कांग्रेस के जन्म के साथ ही महिलाओं की उपस्थिति भी सार्वजनिक क्षेत्र में क्रमशः बढ़ती गयी। देश में जागरण के क्रम में कई शक्तियाँ कार्यरत थीं। एक धारा ज्योतिबा फुले, रमा बाई, रख्मा बाई आदि की थी जो आत्मालोचन करते हुए नयी पाश्चात्य रोशनी के आलोक में दीक्षित हो आगे बढ़ने का प्रयास कर रही थीं। यह धारा परम्परा पर प्रश्न उठाते हुए मानवीय धरातल पर रास्ता तलाश कर रही थीं। सामाजिक नवजागरण और संगठन का एक रास्ता आर्य समाज ने स्वीकार कर रखा था। एक बड़ा भू-भाग इसके प्रभाव में था। इस मत में दीक्षित लोगों ने भी देश के स्वाधीनता संग्राम में बड़ा योगदान दिया, कम-से-कम पश्चिमोत्तर प्रान्त और विशेषकर पंजाब और दिल्ली के इलाके इसके गहरे प्रभाव में थे। गुरुकुल काँगड़ी जैसी शिक्षण संस्थायें इसमें अपनी बड़ी भूमिका अदा कर रही थीं। पुरुष और महिलायें दोनों ही स्वाधीनता के इस यज्ञ में अपनी आहुतियाँ दे रहे थे। अपनी तमाम सीमाओं के बाद भी यह निश्चित रूप से स्वीकार किया जा सकता है कि आर्यसमाज और महात्मा गाँधी के नेतृत्व में कांग्रेस ने स्त्रियों के सार्वजनिक जीवन में प्रवेश में महत्त्वपूर्ण योगदान दिया।

देश के विभिन्न प्रान्तों में विभिन्न अवसरों पर स्त्रियाँ जेल जाने में आगे रहीं। बंग-भंग आन्दोलन रहा हो, चटगाँव केस रहा हो या महात्मा गाँधी के नेतृत्व में असहयोग आन्दोलन, नमक सत्याग्रह या भारत छोड़ो आन्दोलन, महिलाओं की एक बड़ी संख्या कारागार को आबाद करती रही।

चटगाँव आर्म्स एक्ट में जो महिलायें गिरफ़्तार हुईं उनमें निर्मला चक्रवर्ती, रेणु सेन, सुशीला मित्रा, कमला चटर्जी, खिरोद प्रभा विश्वास, प्रतिभा भद्र, चारुशीला देवी, हेलेना दत्त, शान्ति सुधा घोष, मीरा दत्त गुप्ता, पारुल मुखर्जी एवं उषा मुखर्जी आदि प्रमुख थीं। पार्वती देवी पहली ऐसी महिला थीं जो 1922 में गिरफ़्तार हुईं और उन्हें दो वर्ष की लम्बी अवधि तक जेल काटने की सजा मिली। ये बाद में 1930 एवं 1942 के आन्दोलनों के समय भी जेल गयीं। इन्होंने कुल मिलाकर छह बार जेल-यात्रा की। श्रीमती लाडोरानी जुत्शी पहली बार तिलक की श्रद्धांजलि सभा में भाषण देते हुए गिरफ़्तार हुई थीं। ये बाद में 1930 में भी जेल गयीं। हिन्दी की प्रसिद्ध लेखिका सुभद्रा कुमारी चौहान 1920, 1931 एवं 1942 में एक-एक वर्ष के लिए कारागार की कोठरी में बन्द रहीं। बनारस बम काण्ड में श्रीमती मृणालिनी देवी को सात वर्षों के लिए जेल हुई थी। प्रसिद्ध क्रान्तिकारी सुशीला दीदी 1932 में दिल्ली में प्रतिबन्धित कांग्रेस के अधिवेशन में महिला टोली का नेतृत्व करते हुए 'इन्दु' नाम से जेल गयीं। भगवती चरण बोहरा की पत्नी दुर्गा भाभी ने 1929, 1932 एवं 1938 में जेल-यात्रा की। 1922 में सावित्री देवी उर्फ़ हेलेन ने जेल की कोठरी में समय बिताया। 'बूढ़ी गाँधी' के नाम से प्रसिद्ध मातंगिनी हाजरा 1930 के नमक सत्याग्रह में जेल गयी थीं।

जेल जाने वाली कुछ महत्त्वपूर्ण स्त्रियों में कमला नेहरू, सरोजिनी नायडू, कस्तूरबा गाँधी, जानकी देवी बजाज, बासन्ती देवी, शिवरानी देवी, उर्मिला शास्त्री आदि विशेष उल्लेखनीय हैं। इन नामों के अतिरिक्त बहुरिया रामस्वरूप देवी, सुनीति चौधरी, शान्ति घोष, उर्मिला देवी, सुनीति देवी, शाम देवी, मणिबेन पटेल, नेलि सेनगुप्त, शारदा, सरस्वती, मायादेवी, वनलता दासगुप्ता एवं ज्योति कणदत आदि वे महिलायें हैं जिन्होंने एक या एक से अधिक बार विभिन्न आन्दोलनों में भाग लेते हुए जेल की दीवारों के भीतर समय बिताया। उल्लेख्य है कि न तो यह सूची अन्तिम है और न ही किसी ख़ास दृष्टि से ये नाम लिए गये हैं। यह मात्र इस बात का परिचय है कि घर-परिवार की चहारदीवारी से बाहर निकलकर बहुसंख्यक महिलाओं ने आन्दोलनों को गति देते हुए जेल-यात्रा की, फिर यह यात्रा चाहे सशस्त्र आन्दोलनों से जुड़कर हुई हो या कांग्रेस के विभिन्न आन्दोलनों से जुड़कर। देश स्वतन्त्रता में अपनी मुक्ति की तलाश करती हुई दोहरी गुलामी

झेल रही स्त्रियों का यह प्रयास महत्त्वपूर्ण कदम के रूप में रेखांकित किया जाना चाहिए।

रचना यदि अनुभवों की अभिव्यक्ति है, तो जेलख़ाने में बिताये गये दिनों की अभिव्यक्ति भी होनी चाहिए थी। ऐसा भी नहीं कि रचनाकारों ने जेल-यात्रा न की हो, पर उस अनुभव को व्यक्त बहुत कम लोग ही कर सके। भारतीय आत्मा माखनलाल चतुर्वेदी की रचना 'क़ैदी और कोकिला' में जेल-जीवन के कुछ अनुभव कविता का अंग बनकर प्रकट हुए हैं, यथा–"काली तू रजनी भी काली/शासन की करनी भी काली" या "हूँ मोट खींचता लगा पेट पर जूआ/ख़ाली करता हूँ ब्रिटिश अकड़ का कूँआ।" आदि। 1920 से लेकर 1942 तक कई बार जेल-यात्रा करने वाली चर्चित लेखिका सुभद्रा कुमारी चौहान ने स्पष्ट रूप से तो नहीं पर कतिपय कहानियों में ज़रूर इस अनुभव को रचना का अंग बनाया। कुछ क्रान्तिकारियों के लेखन में भी जेल-जीवन के अनुभव मिलते हैं। परन्तु स्वतन्त्रता से पूर्व पाण्डेय बेचन शर्मा 'उग्र' की 1926 में लिखी एक कविता तथा दैनिक 'आज' में लिखी दो रिपोर्टें जेल-जीवन का साक्षात् दर्शन कराती हैं। 'उग्र' की यह कविता उनकी आत्मकथा 'अपनी ख़बर' में संकलित है, यथा–

"बैरक है, 'वर्थ', 'बेल' बेड़ियाँ हैं, वावले हैं
ब्यूटीफुल बालटी की दाल बे-मसाला है।
चट्टा है, चटाई, चारू-चीलर हैं चारों ओर
तौक, तसली है, तसला है और ताला है।
ज़ाहिर जहान जमा-मार जमादार भी हैं
कच्ची-कच्ची रोटी सड़े साग का नेवाला है।
शाला, क़ैदियों की काला कम्बल दुशाला जहाँ....
'उग्र' ने वहीं पर फ़िलहाल डेरा डाला है।"

(अपनी ख़बर, पृ. 140)

उग्र ने अपने जेल-जीवन के अनुभवों को 1959 में प्रकाशित अपने उपन्यास 'फागुन के दिन चार' में स्थान दिया। इस रचनात्मक परिणति से पूर्व 26 दिसम्बर, 1926 एवं 30 दिसम्बर 1926 को बनारस से प्रकाशित होने वाले 'आज' में उन्होंने 'यू. पी. के जेलख़ाने' शीर्षक से जेलों के बारे में लिखा। दो अंकों में प्रकाशित वह पूरी सामग्री प्रासंगिक होने के कारण देने का लोभ संवरण नहीं कर पा रहा हूँ। वह सामग्री यथावत् निम्नलिखित है–

## यू. पी. के जेलख़ाने

मैंने स्वयं, दो बार में, इस प्रान्त के दो जिला जेल, एक हवालात या 'स्मॉल जेल' और एक 'सेंट्रल प्रिज़न' का अनुभव प्राप्त किया है। 'फागुन मस्त महीने की होली को छोड़ वर्ष के बाक़ी सभी त्योहार जेल में मना चुका हूँ। मुझे मालूम है, बाहर की दुनिया में उन्माद और प्रेम भरने वाली वसन्त ऋतु जेलों में आती ही नहीं। और यदि आती भी है तो श्रीहीन, शक्तिहीन, आकर्षणहीन होकर। मुझे मालूम है, उषा और सन्ध्या, निशा और निशाकर, प्रभा और प्रभाकर, मलयमन्द समीरण, 'उमड़-घुमड़कर' बरसने वाली कारी बदरी, कोकिल, पपीहा, मोर आदि से जो सुख जेल के बाहर वाले पाते हैं, वह भीतर वाले नहीं पाते। प्रकृति वही, देश वही, भूमि वही, आकाश वही, पर जेलों की दुनिया दूसरी होती है।

पहली बार (सन् 1921-22 में) जेल का जो रूप देखा था, वह दूसरी बार (सन् 1925 में) देखने को न मिला। दूसरी बार जो कुछ देखा, उसके मुक़ाबले में पहली बार का अनुभव 'खेल' या उससे भी गया-गुज़रा मालूम होता था। पहली बार तो मैं इतना भी न जान सका कि जेल वाले 'तिकड़म' किसे कहते हैं, 'बवाल' किस चिड़िया का नाम है, 'दस्तूर' कौन-सी चीज़ है और उसका उपयोग क्या है, 'फॉल इन' का शुद्ध रूप क्या होता है? रिश्वतें कैसे ली जाती हैं? क़ैदियों का पेट कैसे काटा जाता है और जेल की सरकारी या क़ैदियों की सम्पत्ति को जेल के अधिकांश कर्मचारी बिना डकार लिए ही किस तरह हजम कर जाते हैं।

दूसरी बार देखने से मालूम हुआ कि जनसाधारण में प्रसिद्ध यह कहावत बिल्कुल ठीक है कि 'ज़हरख़ाना' अच्छा, 'जेलख़ाना' नहीं अच्छा। दूसरी बार देखने से मालूम हुआ कि जेलख़ानों के क़ानून कुछ हैं और व्यवहार कुछ और। दूसरी बार देखने से मालूम हुआ कि यदि कोई 'जान पर खेलकर' उत्तर प्रदेश के जेलों की पोल खोले और सरकार तथा जनता को जेल की जाँच को विवश करे तो निश्चय यह साबित किया जा सकता है कि यहाँ के जेल पंजाब के जेलों से कुछ अधिक भिन्न नहीं। दूसरी बार देखने से मालूम हुआ कि 'जेल मैनुअल' तमाशा है, सरकार की वार्षिक रिपोर्ट मज़ाक़ और इंस्पेक्टर जनरल का, वर्ष में एक या दो बार जेल-निरीक्षण, एक प्रकार का नियमित खिलवाड़। जेलों की असली हालत प्रान्तीय सरकार के डिप्टी सेक्रेटरी नहीं जान सकते, बला से उन्हीं के नाम वार्षिक रिपोर्ट क्यों न लिखी जाये? इंस्पेक्टर जनरल भी नहीं जान सकते, बला से दौरा करते-करते और भत्ते का बिल बनाते-बनाते तथा रिपोर्ट तैयार करते-करते परेशान क्यों न हो जायें? जेल सुपरिंटेंडेंट भी नहीं जान सकते, बला से जेल मैनुअल उन्हें जेलों का बिना ताज का बादशाह क्यों न डिक्लेयर करता फिरे। जेलों का असली

रूप जानते हैं अभागे क़ैदी, बीस रुपये मासिक कमाने वाले वार्डर और जेल के असली मालिक जेलर। अधिकांश वार्डर ग़रीब बच्चों के बोझ से परेशान अतः दुर्बल होते हैं। वे लाचार होकर अपने पाप छुपाते हैं। अधिकांश जेलर 'ऊपर की आमदनी' को अपना जन्मसिद्ध अधिकार समझते हैं। साथ ही उन्होंने अपने विभाग के अधिकतर सहयोगियों को उसी रास्ते पर चलते और फूलते-फलते देखा भी है। इसीलिए वे भी अपने 'अंडरहैंड डीलिंग्स' पर मोटा-से-मोटा काला कम्बल डालकर उन्हें दुनिया की नज़रों से छिपाने की कोशिश करते हैं। अब रहे क़ैदी। जो अपराधी के रूप में प्रसिद्ध किया जा चुका हो, समाज से निकालकर जेल में भेज दिया जा चुका हो, जिसे लोग चोर, डाकू, हत्यारा, असभ्य आदि समझते हों, उसकी बात का क्या विश्वास? अधिकांश क़ैदियों में इतना भी आत्मबल नहीं होता कि अपनी (सरकार द्वारा निर्धारित) खुराक भी माँग सकें। फिर दूसरी बातों की चर्चा करना ही व्यर्थ है।

इस बार जेल में ही विचार किया था कि छूटते ही एक बार अभागे क़ैदियों की करुण कहानी से समाचार-पत्रों के, सुहृदयों के और अधिकारियों के कान भर दूँगा। मगर छूटने पर अपनी कमज़ोर प्रकृति के कारण उक्त विचार को कार्यरूप में इच्छा होते हुए भी परिणत न कर सका। एक दिन अचानक 'आज' के सम्पादक जी की मेज़ पर 'मैनुअल रिपोर्ट ऑन दि कंडीशन एण्ड मैनेजमेंट ऑफ दि जेल्स इन दि यूनाइटेज प्रॉविंसेज' की एक प्रति देखकर जेल-जीवन की स्मृति ताजी हो गयी। जिस रिपोर्ट पर मेरी नज़र पड़ी, उसमें 1 जनवरी, 1924 से 31 दिसम्बर 1925 तक का हमारे प्रान्त के जेलों का पूर्ण विवरण है। रिपोर्ट के लेखक हैं प्रान्तीय जेलों के इंस्पेक्टर जनरल लेफ्टिनेंट कर्नल जे.ई. क्लीमेंट्स, आई.एम.एस.। जिस वर्ष (सन् 1925) की यह रिपोर्ट है, ईश्वर की कृपा से उसी वर्ष के अप्रैल मास के दूसरे सप्ताह से सन् 1926 की आठवीं फरवरी तक मैं भी इसी प्रदेश की जेलों में था। गत दिसम्बर सन् 1925 में बनारस सेंट्रल प्रिजन में मुझे कर्नल क्लीमेंट्स के पुण्य दर्शनों का सौभाग्य प्राप्त हुआ था और मेरी खुशक़िस्मती से इंस्पेक्टर जनरल साहब ने कुछ बातें भी की थीं। –उग्र

*'आज' रविवार, सौर 11 पौष सं. 1983 वि.*
*(26 दिसम्बर 1926) पृ. 02, कॉलम 01-02*

इस आलेख का शेषांश 30 दिसम्बर 1926 को 'आज' में प्रकाशित हुआ जो निम्नवत् है–

## शेषांश

अकसर अस्पतालों में मोटे-मोटे और तन्दुरुस्त क़ैदी 'रोगी' बने पड़े रहते हैं। अकसर वृद्ध, दुर्बल और रोगी क़ैदी 'सर्किलों' में मशक़्क़त करते रहते हैं, इसका कारण? डॉ. जाने, जेलर जाने या क़ैदी जाने। हम जानते भी होंगे तो बतलायेंगे नहीं। यदि कभी कोई जाँच कमेटी बैठी तो जेल-अस्पतालों के विषय में जो कुछ 'रोशनी में आयेगा', उसे देखकर सज्जनता, मनुष्यता, करुणा और दया चकित रह जायेगी—

## कपड़े-बिछौने

कपड़े-बिछौने की जेलों में सख़्त तकलीफ़ होती है। एक क़ैदी को (यदि उसकी सज़ा जुलाई में हुई हो) एक छोटा कुर्ता, एक जाँघिया, एक तिकोना लंगोट, एक टोपी (दोपलिया), एक किट, एक साफ़ी (दो फीट लम्बी और प्रायः फुट भर चौड़ी), एक कम्बल (जिसमें एक सेर से कम चीलर नहीं होते), एक मूँज या बाघ की छोटी चटाई या पट्टा तथा एक लोहे का तसला और एक लोहे की कटोरी दी जाती है। जाड़ों की सजा पाने वालों को उक्त चीज़ों से एक कम्बल और एक कम्बल कोट अधिक मिलता है। मुसलमान क़ैदियों को नमाज़ के नाम पर लुंगी भी दी जाती है।

इतने कपड़ों और ओढ़ने-बिछौने से जो तकलीफ़ होती है, उसका वर्णन करना सहज नहीं है। सभी जेल अधिकारी जानते होंगे कि अधिकतर क़ैदी कपड़ों का डबल सेट रखते हैं। कैसे? चोरी से। किसी को कुछ ले-देकर अकसर जेलों में छह आने में कुर्ता-जाँघिया मिल जाता है। किसी-किसी जेल में इससे भी अधिक कम दाम में आठ आने में कम्बल मिल सकते हैं। यह छह और आठ आने क़ैदी से क़ैदी को मिलते हैं। क़ैदी ही किसी तरह से गोदाम से कपड़े और कम्बल चुराते और बेचते हैं। इस चोरी और बिक्री में भारी रहस्य है, जिसका लिखना सम्भव नहीं। जेल के सभी गोदामों में चोरी और बिक्री होती है और सब वे ही करते हैं, जिन्हें चोरी या वैसे ही किसी अपराध में सजा मिली रहती है। यही जेल में सुधार होता है। यदि सरकार क़ैदियों को कपड़े का 'डबल सेट' दिया करे और जाड़ों में कम्बलों की संख्या कम-से-कम तीन और अधिक-से-अधिक (जहाँ सर्दी अधिक पड़ती हो) चार कर दे तो ऐसी त्रुटियाँ यदि रुकें न तो कम तो ज़रूर हो जायें। दो कम्बलों में अकसर एक पुराना एक नया होता है। ग़रीब और कमज़ोर क़ैदियों के सर्दी के हाथों जो तकलीफ़ होती है, उसे देखकर आँखों में आँसू आ जाते हैं। कितने अभागे रात भर जागकर काट देते हैं। जेल के सभी अफ़सर जानते हैं और मानते भी हैं कि दो कम्बलों में जाड़ा बिताना कितना मुश्किल है,

मगर फिर भी क़ैदियों का कष्ट दूर करने को कोई सूरत (उन्हें) नज़र नहीं आती। सरकार को चाहिए कि क़ैदियों को भी मनुष्य समझे और उनके कपड़े-बिस्तर का प्रबन्ध सन्तोषजनक रीति से करे। कम कपड़े, बिस्तर या कम्बल देकर अधिक के लिए क़ैदियों को चोरी सिखाना उचित नहीं।

### जाँच कमेटी की ज़रूरत

अभी हम बहुत-कुछ लिखना चाहते हैं, लिख सकते हैं और समयानुसार लिखेंगे। फ़िलहाल 'कलेवर' बढ़ते देख हम लेख को यहीं समाप्त करते हैं और अन्त में सरकार, जनता और जनता के रक्षक समाचार-पत्रों से प्रार्थना करते हैं कि वे जहाँ तक हो सके जल्द एक जाँच कमेटी स्थापित करने की चेष्टा करें। एक बार जेलों में बैठकर अभागे क़ैदियों को अभय देकर पूछें कि तुम्हारे ऊपर कैसी गुज़रती है? तुम जीते हो या मरते? वैसी हालत में जेल की दीवारें, क़ैदियों की ठठरियाँ और अभागों के हृदय की ऐसी कहानी सुनायेंगे कि सुनने वाले दंग रह जायेंगे। उनके मुँह से सहसा निकल पड़ेगा, "यह क्या बीसवीं सदी है? यह क्या सभ्यताभिमानी ब्रिटिश राज्य के जेल हैं?"

*'आज' गुरुवार सौर 15 पौष सं. 1983 वि.*
*(30 दिसम्बर 1926) पृ. 2-6, कॉलम 04-01*

उल्लेख्य है कि इससे पूर्व जेलों के बारे में इतना विस्तृत विवरण कम-से-कम हिन्दी में नहीं मिलता। इसके उपरान्त श्रीमती हंसा मेहता ने सितम्बर 1931 में 'चाँद' में 'महिलाओं का जेल-जीवन' शीर्षक से एक लेख लिखा जो परिशिष्ट-1 के रूप में दिया गया है। जेलों के बारे में संस्मरणात्मक रूप में पहली बार पुस्तकाकार उर्मिला शास्त्री की पुस्तक 'कारगार' 1931 में प्रकाशित हुई। हिन्दी में इस विषय पर सम्भवतः पहली पुस्तक है कारागार, इसके बाद कतिपय राजनेताओं, क्रान्तिकारियों आदि ने भी लिखा। 'बन्दी जीवन' जैसी पुस्तक शचीन्द्रनाथ सान्याल ने लिखी। स्वतन्त्रता के बाद मेरी टाइलर की पुस्तक 'भारतीय जेलों में '5 साल' भी आयी, परन्तु 'कारागार' इस विषय की सम्भवतः पहली प्रकाशित पुस्तक है।

'कारागार' की लेखिका उर्मिला शास्त्री का जन्म 1909 में श्रीनगर (कश्मीर) में हुआ। उनके पिता का नाम लाला चिरंजी लाल था। वे पंजाब के प्रसिद्ध आर्य समाजी नेता थे। लाला लाजपत राय प्रभृति बड़े नेताओं से उनका सम्बन्ध था। आर्य समाज से प्रभावित होने के कारण उर्मिला जी की शिक्षा गुरुकुल काँगड़ी, हरिद्वार में हुई। उर्मिला जी का विवाह प्रख्यात विद्वान डॉ. धर्मेन्द्रनाथ शास्त्री साथ हुआ था, जो मेरठ कॉलेज में प्राध्यापक थे। मेरठ आने के बाद उर्मिला

जी ने पति के साथ अपना राजनीतिक और सामाजिक कार्य प्रारम्भ किया। सन् 1930-31 के असहयोग आन्दोलन में वे जेल गयीं। उनके जेल जाने के बाद नवम्बर 1930 में 'चाँद' मासिक पत्रिका में यतीन्द्र कुमार ने 'सत्याग्रह संग्राम में एक वीरांगना का जन्म' शीर्षक से निबन्ध लिखा, जिसमें उर्मिला जी एवं उनके संघर्ष के बारे में विस्तार से लिखा गया है। यह आलेख परिशिष्ट-2 में पुस्तक के अन्त में दिया गया है। जेल में बिताये गये दिनों को संस्मरणात्मक शैली में कारागार के रूप में उन्होंने हिन्दी संसार के सम्मुख प्रस्तुत किया। पुस्तकाकार छपने से पूर्व इस पुस्तक के अंश लाहौर से निकलने वाले दैनिक 'जन्मभूमि' में प्रकाशित हुए जिसकी प्रकाशक और सम्पादक उर्मिला जी थीं। 'जन्मभूमि' से उद्धृत कर वे अंश कलकत्ता से निकलने वाले हिन्दी दैनिक 'विश्वमित्र' में भी प्रकाशित हुए। बाद में यह पुस्तकाकार रावी फाइन आर्ट प्रिंटिंग वर्क्स मोहन लाल रोड लाहौर से सत्येंद्रनाथ द्वारा मुद्रित एवं प्रकाशित हुई। उर्मिला जी गाँधी परिवार के काफ़ी निकट थीं। उनकी पुस्तक 'कारागार' की भूमिका श्रीमती कस्तूरबा गाँधी ने गुजराती भाषा में लिखी थी, जो उनकी पुस्तक में हिन्दी अनुवाद के साथ देवनागरी में छपी। कस्तूरबा जी द्वारा लिखित यह भूमिका अत्यन्त दुर्लभ सामग्री है। 6 जुलाई 1942 को इस प्रतिभा-पुंज ने अपनी नश्वर काया का परित्याग किया। इस तरह जीवन के कुल इकतीस वर्ष ही वे जिन्दा रहीं, पर जो सामग्री उन्होंने हिन्दी जगत को दी वह अत्यन्त महत्त्वपूर्ण है।

'कारागार' कुल 147 पृष्ठों की पुस्तक है। इसके मुखपृष्ठ पर ही लिखा हुआ है जेल-जीवन का आन्तरिक चित्र। पुस्तक कुल पन्द्रह शीर्षकों में विभक्त है। ये शीर्षक हैं—जेल जाने से पहले, जेल में पहला दिन, अदालत का स्वाँग, सजा के बाद, जेल-जीवन की झलक, संजीवनी सुधा, ख़ून के आँसू, जेल में क़ैदियों से बर्ताव, कीचड़ में कमल, जेल में मेरी बीमारी, प्रतिष्ठित अभ्यागत महिलाएँ, एकान्त जीवन का अन्त, जेल का भोजन, जेल में श्रेणी-भेद एवं जेल से मेरी मुक्ति। यह पुस्तक प्रसिद्ध गाँधीवादी श्री जमनालाल बजाज को समर्पित करते हुए लेखिका ने लिखा कि "जिस यात्रा की यह कहानी है, उस मार्ग में चलने की प्रथम प्रेरणा आप ही के द्वारा मेरे हृदय में उत्पन्न हुई थी।" आशय यह कि विचारों से आर्य समाजी होते हुए भी इस परिवार पर गाँधी और गाँधीवाद का भरपूर प्रभाव था। पुस्तक में प्रस्तावना के उपरान्त कारागार को लेकर कुछ कथन हैं जिनमें से दो का उल्लेख समीचीन प्रतीत होता है, यथा—

"मनुष्य-समाज जिन पापियों के दुराचार पर लज्जित होता है, उन्हें वह छिपाने के लिए कारागार में बन्द कर देता है; पर वह जिन महात्माओं के पुण्य

तेज के कारण स्वयं अपने ऊपर लज्जित होता है, उन्हें भी जेल में छिपा देता है।

वह पापियों के पाप को नहीं सह सकता,
वह पुण्यात्माओं के पुण्य तेज को भी नहीं सह सकता,
यह अद्भुत बिडम्बना है।" (पृ. 14)

एवम्

"हथकड़ी जेल का श्रृंगार है
बेड़ी जेल का उपहार है
काल-कोठड़ी जेल की बहार है।
स्वाधीनता की दीक्षा भूमि,
सत्य के पुजारियों का मन्दिर,
स्वराज्य यात्रियों का तीर्थस्थान,
अध्यात्म साधना का तपोवन,
हे कारागार! हे पुण्यागार!!
तुम्हारी धूल के स्पर्श से यह जघन्य जीवन धन्य है,
तुम्हें प्रणाम! बारम्बार प्रणाम!! (पृ. 15-16)

उल्लेख्य है कि जेल-जीवन के आन्तरिक-चित्र प्रस्तुत करते हुए लेखिका कहीं से भी उससे आतंकित नहीं है, प्रत्युत कारागार उसके लिए प्रेरणा एवम् साधना की भूमि है।

जेल जाने से लेकर, जेल से मुक्ति तक के कुल छह महीने के अनुभवों को अपने संक्षिप्त कलेवर में समेटे यह पुस्तक कई मायनों में विशिष्ट है। पहले तो यही कि इसमें एक स्त्री के द्वारा अपने जेल-जीवन के अनुभव इतिहास के उस कालखण्ड में व्यक्त किये गये हैं, जब कम-से-कम अभिव्यक्ति की स्वतन्त्रता नहीं थी। अंग्रेज़ी शासन की जेलों का आन्तरिक चित्र प्रस्तुत कर लेखिका ने अभिव्यक्ति का खतरा ही उठाया था। इस काम को उस समय साहस से ज़्यादा दुस्साहस ही कहा जायेगा। पुरुषों को जेलों में जो कठिनाइयाँ उठानी पड़ती थीं, उसके कुछ विवरण तो मिलते भी हैं पर स्त्रियों को जेलों में होने वाली कठिनाइयों और दुश्वारियों के बारे में इस पुस्तक से पूर्व सम्भवतः कोई विवरण उपलब्ध नहीं है। इस दृष्टि से यह पुस्तक अपने विषय की पहली पुस्तक है। स्वतन्त्रता से पूर्व शायद किसी स्त्री द्वारा जेल-जीवन के बारे में लिखी हुई यह पहली और एकमात्र पुस्तक है। यह पुस्तक स्त्री-लेखन के आयामों को तो विकसित करती ही है, उसके सामाजिक सरोकारों की ओर भी इशारा करती है। पुस्तक में जुलूस में गाती हुई स्त्रियों का एक गीत उल्लिखित है जो उस समय स्त्रियों की मनःस्थिति का दर्पण है, यथा–

''बाग़ में सर-सर का झोंका, आशियाना ले गया।
क़ैद में हमको हमारा, आबोदाना ले गया।।
गुल गुले गुलचीं का शिकवा, बुलबुले भारत न कर।
तुझको पिंजरे में तेरा यह, चहचहाना ले गया॥
कौन कहता है ज़बरदस्ती से, हम पकड़े गये।
जेल में खुद हमको शौके-क़ैदखाना ले गया॥ (पृ. 39)

अर्थात् वे महिलायें अपनी परिस्थितियों में संघर्ष करते हुए अपनी मर्ज़ी से स्वाधीनता संघर्ष में सम्मिलित हुई थीं।

पुस्तक में क़ैदियों को दिये जाने वाले भोजन, सजा, व्यवहार आदि का विस्तार से वर्णन है। कारागार की तनहाई किस तरह कटती है, इसका बड़ा प्रामाणिक चित्र इस पुस्तक में प्रस्तुत किया गया है। किस तरह बिना कारण बताये मिलने वाली सुविधायें बन्द कर दी जाती थीं, कैसी टुच्ची सुविधाओं के लिए अनैतिक कार्य होते थे, कैसे दण्ड मिलते थे, कैसा भोजन, कैसा इलाज आदि इन सारे विषयों पर पुस्तक के रूप में पहली बार ये विवरण हिन्दी में उस समय उपलब्ध हुए थे। पुस्तक की सामग्री की लोकप्रियता ऐसी थी कि जब इसके अंश लाहौर से निकलने वाले 'जन्मभूमि' दैनिक में प्रकाशित हो रहे थे, उसी समय कलकत्ता से निकलने वाले दैनिक 'विश्वामित्र' में वे अंश 'जन्मभूमि से साभार' लिखकर छापे जा रहे थे। एक बाईस वर्षीय महिला की यह कृति अपने समय की विशिष्ट उपलब्धि थी।

यह पुस्तक मेरे निर्देशन में विश्वविद्यालय अनुदान आयोग की शोध परियोजना 'स्वतन्त्रता-पूर्व स्त्री गद्य लेखन और स्त्री भाषा का विकास' पर पोस्ट डॉक्टोरल शोध कर रही डॉ. अनुपमा सिंह ने पुस्तकालयों की खाक छानते हुए उपलब्ध की। पुस्तक एवं विषय के महत्त्व को देखते हुए इसे हिन्दी जगत् के सामने पुनः प्रस्तुत करने का निर्णय लिया गया। इसलिए इसकी प्रस्तुति का प्रमुख श्रेय तो अनुपमा को ही है। भूमिका के रूप में कतिपय प्रासंगिक चर्चा करते हुए हाथ में आटा लगाकर मैं भण्डारी अवश्य बन गया हूँ। पुस्तक को नये रूप में प्रस्तुत करने में वाणी प्रकाशन के प्रबन्ध निदेशक श्री अरुण महेश्वरी का योगदान महत्त्वपूर्ण है। उनके प्रति आभार! यह पुस्तक प्रस्तुत ही न हो पाती यदि श्री संगमलाल जी का प्रोत्साहन एवं सहयोग न रहा होता। उनके इस योगदान के प्रति भी हार्दिक स्नेह। अन्त में त्रुटियों की जिम्मेदारी स्वयं लेते हुए, आप सबकी बौद्धिक खुराक हेतु सादर प्रस्तुत है 'कारागार'।

**–डॉ. क्षमा शंकर पाण्डेय**
**–डॉ. अनुपमा सिंह**

# प्रारम्भिक शब्द

हमारे जीवन में घटनायें होती हैं और चली जाती हैं और तो कोई उन्हें देखता ही नहीं पर हम स्वयं भी उन्हें नहीं देखते क्योंकि हमें देखने की फ़ुर्सत नहीं होती और हमारा ध्यान अनेक बाहरी घटनाओं में व्याकीर्ण रहता है। परन्तु जब मैं पिछले साल जेल की कोठरी में अकेली पड़ी हुई थी, जहाँ मेरा कोई साथी न था, तो उस समय मेरे पास सिवाय इसके कि मैं अपने जीवन की घटनाओं को देखूँ और उन पर विचार करूँ और कोई काम ही न था, इस प्रकार इस पुस्तक की सामग्री जेल-जीवन में ही संचित हो गयी जिसे बाहर आकर मैंने पुस्तकाकार दे डाला।

बाहर आने पर भी पुस्तक शीघ्र ही प्रकाशित न हो सकी। मुझे जेल में ही बुख़ार रहने लगा था और बाहर आकर भी वह दो मास तक बना रहा। उसके बाद जब मैंने लाहौर से 'जन्मभूमि' नामक दैनिक पत्र का प्रकाशन किया, उसी में कुछ दिन तक मेरा जेल-जीवन का वृत्तान्त छपने लगा। उसे कई बन्धुओं ने पसन्द किया। 'जन्मभूमि' से उद्धृत कर कलकत्ता के दैनिक पत्र 'विश्वमित्र' ने भी जब मेरे जेल वृत्तान्त को छापा तो मेरा उत्साह बढ़ने लगा और मुझे यह ख़याल आया कि यदि इस वृत्तान्त को पुस्तक के रूप में छाप दिया जाये तो वह पढ़ने वालों के समय का दुरुपयोग न होगा। 'जन्मभूमि' पत्र के बन्द हो जाने से उसमें तो यह वृत्तान्त प्रकाशित न हो सका, परन्तु मुझे प्रसन्नता है कि आज मैं एक पुस्तक के रूप में अपनी बहन और भाइयों की सेवा में उसे प्रस्तुत कर रही हूँ।

पूज्या माता कस्तूरबा जी के दर्शन मुझे मेरठ में हुए थे और तभी से मुझे उनके चरणों में विशेष श्रद्धा हो गयी थी। मैं उनकी अत्यन्त कृतज्ञ हूँ कि उन्होंने कृपापूर्वक इस पुस्तक की प्रस्तावना लिखना स्वीकार किया। श्रद्धेय जमनालाल बजाज को मैंने यह पुस्तक समर्पित की है जो कि उचित ही था। लगभग चार साल हुए मैं देहरादून कन्या गुरुकुल में थी। वहाँ पर सौभाग्यवश वे पधारे और उन्होंने अपना बहुत-सा अमूल्य समय मुझे खादी का महत्त्व समझाने में लगाया था। उस समय तो मैं अपनी हार मानने को तैयार न हुई, परन्तु उनका लगाया

बीज मेरे हृदय में अंकुरित हुए बिना न रहा। वस्तुतः श्रीयुत बजाज जी द्वारा ही मुझे सबसे पहले इस ओर प्रेरणा हुई थी।

इस पुस्तक के कतिपय भागों का दूसरा संस्करण मेरे भाई स्नातक चन्द्रगुप्त विद्यालंकार जी ने करने की कृपा की है, उसके लिए मैं उनकी कृतज्ञ हूँ।

मेरठ
25-11-1931

**उर्मिला शास्त्री**

# प्रस्तावना

(मूल गुजराती हिन्दी लिपि में)

बहेन उर्मिला देवी शास्त्री ने पोताना जेलना अनुभवोनुं आ सुन्दर पुस्तक लखवा माटे हूँ, अभिनन्दन आपुं छूँ। ते लान करीने पति साथे गृहस्थाश्रम चलाववानो भारे होंश साथे ताजांज मीरत आव्याँ हतां, पण देशते खातर ए सुख छोड़ी तेमणे जेलने बहाली करी। आ लडतमाँ आँखा हिन्दुस्ताननी बहेनों से चारे तरफ़ एवोज त्याग, एवीज देशभक्ति, ओवीज बहादुरी बतावी हिन्दुस्ताननी स्त्री जाति ने शोभावी छे।

जेल जई आवेली बहनोने आ चोपड़ी वांची पोताना जेलना दिवसो याद आब्या बिना नहि रहे। घणी बहेनोने बहेन उर्मिलानी माफक जेल जवावों लहवो नथी मण्यो। तेमने खरेखर एमनी ईर्शा आवशे। पणहूँ जाणुं छुं के केसरियाँ साड़ी धारणकरनारी देशसेविका ओए दारूनां पीठांओ सामे के विदेशी कापड़नी दुकानो सामे शांत चौकी करना ओछां कष्ट सहयाँ न थी, ओछो बहादुरी बतावी न थी। घणी देश सेविकाओओे तो जेलनां दुखने पण झांखा पाड़े एटलुं सहन करी बताब्युं छे अेंनी हुँ पोते साक्षी छुं।

बहेन उर्मिला देवीनुं लखाण एटलीं सरल अवे सुरस हिन्दी शंछे के मने ते समजतां जराये मुश्केली पड़ी न थी, अने ते मारे हुँ तेमने ख़ास धन्यवाद आपुँछूँ।

**कस्तूरबा गाँधी**

सत्याग्रहाश्रम
साबरमती

# प्रस्तावना

(हिन्दी अनुवाद)

बहन उर्मिला देवी शास्त्री ने अपने जेल के अनुभवों की यह सुन्दर पुस्तक लिखी है, उसके लिए मैं उनका अभिनन्दन करती हूँ। विवाह के बाद पति के साथ गृहस्थाश्रम व्यतीत करने की बड़ी उत्कट इच्छा को लेकर वे मेरठ आयी थीं। परन्तु देश की ख़ातिर उन्होंने उस सुख को छोड़कर जेल के सुख को सहर्ष स्वीकार किया। इस युद्ध में अखिल भारत की बहनों ने चारों तरफ़ ऐसा ही त्याग, ऐसी ही देशभक्ति और ऐसी ही बहादुरी दिखाकर हिन्दुस्तान की स्त्री-जाति को गौरवान्वित किया है।

जो बहनें जेल जाकर आयी हैं, उन्हें इस पुस्तक को पढ़कर अपने जेल-जीवन के दिन पुनः स्मरण हो उठेंगे। जिन बहनों को बहन उर्मिला की भाँति जेल जाने का सौभाग्य मिला न होगा, वे इस बहन से ईर्ष्या करेंगी! परन्तु मैं जानती हूँ कि केसरी साड़ी परिधान धारण करने वाली देश-सेविकाओं ने शराब की, विदेशी कपड़े की दुकानों पर शान्त पहरे लगाने में कुछ कम कष्ट सहन नहीं किये, कुछ कम बहादुरी नहीं दिखायी। बहुतेरी देश-सेविकाओं ने तो जेल के दुखों को भी फीका करने वाले कठोर दुख सहन कर दिखाये हैं और मैं स्वयं ऐसी बहनों की साक्षी हूँ।

बहन उर्मिला देवी ने ऐसी सरल और सरस हिन्दी में यह पुस्तक लिखी है कि मुझे उसे समझने में तनिक भी मुश्किल नहीं हुई। अतः मैं बहन उर्मिला को उसके लिए ख़ास बधाई देती हूँ।

**कस्तूरबा गाँधी**

सत्याग्रहाश्रम
साबरमती

# अनुक्रम



***परिशिष्ट***

# कारागार

कारागार,
पाप पुण्य का एकाकार,
स्वर्ग-नरक का अनुपम द्वार।
संसार के पापियों का, आततायियों का स्थान,
विश्व के पुनीत पुण्यात्माओं का निवास—
विरोधाभास की अनुपम पहेली
जहाँ गीता के प्रवर्तक कृष्ण का जन्म हुआ
जहाँ गीता के भाष्यकार तिलक ने तप किया
जहाँ गैलीलियो[1] ने सत्य की पूजा की
जहाँ जॉन वनयन ने विश्वख्यात ग्रन्थ[2] लिखा
जहाँ धर्मगुरु[3] बहा ने अपना जीवन बिताया
जो गाँधी की पुण्य गन्ध से सुगन्धित हो गया
वह कारागार! पुण्यागार!!

मनुष्य-समाज जिन पापियों के दुराचार पर लज्जित होता है, उन्हें वह छिपाने के लिए कारागार में बन्द कर देता है, पर वह जिन महात्माओं के पुण्य-तेज के कारण

1. गैलीलियो यूरोप का प्रसिद्ध नक्षत्र-विज्ञानवेत्ता था, जिसने सबसे पहले आकाश के ग्रहों, उपग्रहों को दूरवीक्षण यन्त्र से देखा था। उसके विचार बाइबिल के प्रतिकूल थे, इसलिए रोम के पोप ने उसे बुढ़ापे की अवस्था में जेल में डलवा दिया।
2. जॉन बनयन नामक लेखक ने अपनी जगतप्रसिद्ध पुस्तक 'Pilgrim's Progress' जेल में लिखी थी।
3. फारस के बहाई धर्म के आचार्य 'बहा' को फारस की सरकार ने लगभग सारे जीवन जेल में ही रखा।

स्वयं अपने ऊपर लज्जित होता है, उन्हें भी जेल में छिपा देता है।
वह पापियों के पाप को नहीं सह सकता
वह पुण्यात्माओं के पुण्य-तेज को भी नहीं सह सकता,
यह अद्‌भुत विडम्बना है।
मनुष्य की जन्मसिद्ध स्वाधीनता का निषेध कारागार है
मनुष्य की स्वाधीनता का साधन भी कारागार है
यह एक अजीब पहेली है।

सरकार का किला कारागार है और–
कांग्रेस का गढ़ भी कारागार है
शत्रु-मित्र दोनों का एकागार!

स्वाधीनता छीनने को सत्याग्रहियों को
कारागार में डाला जाता है।
स्वाधीनता के दर्शन सत्याग्रहियों को
कारागार में ही होते हैं,
कितना विचित्र विरोध है।

जेल बन्धन का रूप है और मनुष्य का जीवन भी बन्धन है,
इसलिए जीवन को बन्धनरूप दिखाकर
जेल चरम मुक्ति का मार्ग खोलता है।

हथकड़ी जेल का शृंगार है
बेड़ी जेल का उपहार है
काल-कोठड़ी जेल की बहार है।
स्वाधीनता दीक्षा की विद्याभूमि,
सत्य के पुजारियों का मन्दिर,
स्वराज्य यात्रियों का तीर्थस्थान,
अध्यात्म-साधना का तपोवन,
हे कारागार! हे पुण्यागार!!
तुम्हारी धूल के स्पर्श से यह जघन्य जीवन धन्य है,
तुम्हें प्रणाम! बारम्बार प्रणाम!!

# जेल जाने से पहले

जुलाई 1930 की 16 तारीख़ थी, मैं अपना सामान कश्मीर जाने के लिए तैयार कर रही थी। उन दिनों मेरठ की बहनें बड़ी संख्या में सत्याग्रह-संग्राम में भाग ले रही थीं। उनके साथ लगभग चार मास तक अनवरत काम करने के बाद दो महीने का अवकाश मिला था। मन में बहुत उमंगें थीं। कश्मीर के प्राकृतिक दृश्य अभी से आँखों के आगे घूमने लगे थे। यहीं से अपना प्रोग्राम निश्चित कर रही थी कि अचानक सड़क पर से आवाज़ आयी, ''पं. प्यारेलाल शर्मा गिरफ़्तार हो गये।''

शर्मा जी मेरठ के एक माननीय प्रसिद्ध नेता हैं। मेरे दिल में खलबली मच गयी–अब क्या करना चाहिए? एक तरफ़ बहन-भाइयों से मिलने का चाव, शीतल-मन्द समीर का सेवन और दूसरी तरफ़ कड़ी धूप और मेहनत का प्रश्न था और उसके बाद–जेल के लौहद्वार का दर्शन। देवासुर संग्राम छिड़ गया। कुछ तय न कर सकी। इसी बीच प्रोफ़ेसर जी भीतर आये और कहले लगे, "उर्मिला, क्या निश्चय किया है? अच्छी तरह सोच लो–एक ओर कर्तव्य, तो दूसरी ओर सुख तथा विश्राम है, बताओ दोनों में किसे पसन्द करती हो?" इस प्रश्न ने हृदय में बल दिया, दैवी भावों ने सुख की अभिलाषा पर विजय पायी और मैंने अपना कर्तव्य निश्चित कर लिया।

दूसरे दिन शाम के लगभग चार बजे होंगे, मैं अपने कमरे में लेटी हुई थी। प्रोफ़ेसर जी पास ही बैठे हुए एक समाचार-पत्र पढ़ रहे थे। अचानक मैंने कहा, "चलो, आज एक साथ फोटो खिंचवायें।" प्रोफ़ेसर ने कौतूहल भरी दृष्टि से मेरी ओर देखकर गम्भीरता से उत्तर दिया, "ज़रूर, अभी चलने का निश्चय हो तो सदर में मि. महमूद नामक एक प्रसिद्ध फोटोग्राफ़र के पास चलें।"

मैं–''फोटोग्राफ़र से समय माँगिये।''

नौकर को भेजकर समय पूछा गया। उत्तर मिला, "अभी आ जाइये।"

मैं तैयार हो गयी। ताँगे पर बैठते ही मैंने देखा, शान्ता चली आ रही है। शान्ता महिला-सत्याग्रह-समिति की एक सदस्या तथा मेरी मित्र थीं। उसके हाथ में विलायती वस्तुओं के बहिष्कार सम्बन्धी कुछ नोटिस थे। वह अपना कार्य समाप्त करके मुझसे मिलने आ रही थीं। आते ही उन्होंने पूछा, "कहाँ को तैयार हो?" मैंने हँसते-हँसते उत्तर दिया, "जहन्नुम को। चलती हो?" शान्ता मुस्करा दीं और मेरे साथ टाँगे में बैठ गयीं।

मिस्टर महमूद पहले ही प्रतीक्षा में थे, तीन फोटो लिए गये। लौटते हुए सदर की कोतवाली के पास पुलिस से भरी दो लॉरियाँ दिखायी दीं। इनके आगे डी.एस.पी. की मोटर थी। प्रोफ़ेसर जी ने कहा, "मालूम होता है कि सदर की शराब की दुकानों पर स्वयंसेवक गिरफ़्तार किये जावेंगे।" लॉरियाँ बाजार में चली गयीं। प्रोफ़ेसर जी ने गम्भीरता से कहा, "उर्मिला! कल तुम्हारी भी बारी है।"

मैंने पूछा, "आपको कैसे मालूम?"

उन्होंने उत्तर दिया, "मेरा दिल कह रहा है।"

मैंने हँसते हुए कहा, "आपके दिल की क्या बात। वह तो कुछ भी कहने लगता है।"

आज बर्फ़ख़ाने के मैदान में शर्मा जी के जेल जाने के उपलक्ष्य में उन्हें बधाई दी जा रही थी। दिल कह रहा था, आज तुम भी दिल खोलकर बधाई दे लो, शायद आज अन्तिम मौक़ा है। सभापति क़ाज़ी नज़ीमुद्दीन जी के पास जाकर मैंने कहा, "क़ाज़ी जी, मुझे भी समय चाहिए, शायद मेरा यह आख़िरी मौक़ा होगा।"

क़ाज़ी जी ने एक बार मेरी ओर देखा ओर कहा, "अच्छी बात है, जितना चाहे समय लो।"

मेरी बारी आयी। मैं सभा-मंच पर खड़ी हो गयी। जनता ने महात्मा गाँधी की जय की ध्वनि से मैदान कँपा दिया। मैंने अपने हार्दिक भाव बिखेर दिये। मैंने कहा, "कौन जानता है आने वाला चमकता सूर्य किस-किस की सुनहरी बेड़ियों को अपने साथ लावेगा।" ये शब्द सचमुच अपने सम्बन्ध में मेरी भविष्यवाणी सिद्ध हुए।

घड़ी ने ज्यों ही टन करके एक बजाया, मेरी नींद खुल गयी। मैंने देखा, प्रोफ़ेसर जी उठकर बैठे हुए हैं और मेरा सेवक गोवर्धन पास खड़ा है। मैंने पूछा, "क्या बात है, अभी तो रात का एक ही बजा होगा, आप उठ क्यों बैठे?"

प्रोफ़ेसर जी ने कहा, “इस घर में अब तुम चन्द घण्टों तक ही और रह सकती हो, उर्मिला!”

मैं उठ बैठी। मुझे कुछ समझ न आया। मैंने फिर प्रश्न को दोहराया। उन्होंने कहा, “प्रातःकाल 5 बजे तुम्हें लेने के लिए पुलिस आवेगी।”

मैंने अपना सामान ठीक करने के ख़याल से कहा, “अच्छा चलो, नीचे के कमरे में चलें।”

मैंने अपना साथ जाने वाला सामान अलग रख दिया। प्रोफ़ेसर जी ने कहा, “तुम सो जाओ, सामान तैयार हो जावेगा।” लगभग सवा चार बजे होंगे कि मुझे प्रोफ़ेसर जी ने जगाकर कहा, “अब तैयार हो जाओ।” मैंने स्नानादि करके कपड़े पहन लिये। ठीक 5 बजे एक लॉरी आयी और मेरे घर से कुछ दूर पर आड़ में खड़ी हो गयी। इस लॉरी में पुलिस के 4-5 सिपाही और पुलिस सब-इंसपेक्टर था। एक मोटर मेरे दरवाज़े पर आकर हॉर्न करने लगी। उस मोटर में केवल डी.एस.पी. और एक ड्राइवर ही थे। पास के घरों से कुछ स्त्री-पुरुष भी आ गये। ‘महात्मा गाँधी की जय’ कहते हुए मैं मोटर में बैठे गयी। मुझे जेल तक पहुँचाने के लिए प्रोफ़ेसर जी भी साथ ही चले। लोगों ने मुझे फूल उपहार में दिये और मैंने चिरकाल के लिए उनसे नमस्कार कहकर विदा ली। कुछ क्षणों के बाद मोटर अब्दुल्लापुर के पास मेरठ डिस्ट्रिक्ट जेल के द्वार पर आकर रुक गयी। साथ ही वह लॉरी भी आ पहुँची। डी.एस.पी ने कहा, “क़ाज़ी साहब भी लाये जा रहे हैं।” मैं उनसे मिलने के लिए दरवाज़े पर रुक गयी। क़ाज़ीजी भी एक लॉरी में सिपाहियों के साथ बैठे नज़र आये। प्रोफ़ेसर जी से विदा ले हम दोनों जेलद्वार के भीतर चले गये। दरवाज़ा बन्द हो गया और मैं चिरकाल के लिए बाहर की दुनिया से जुदा कर दी गयी। मेरी तलाशी ली गयी। मेरे बिस्तर में से तीन पुस्तकें जिनमें से दो ‘कल्याण’ के विशेषांक थे और एक साधारण कहानियों की पुस्तक थी, ले ली गयीं। मैं अपने साथ एक स्प्रिंगदार चरखा भी ले गयी थी, पर वह भी जेलर ने अपने पास रखवा लिया। घर से चलते हुए प्रोफ़ेसर जी ने मुझे एक पत्र दिया था, जिसे मैं शीघ्रता में ठीक-ठीक पढ़ न सकी थी, पढ़ने के लिए तथा अपने पास रखने के लिए मैं उसे अपने पर्स में डाल लायी थी, जेलर ने कहा, “यह पत्र मुझे दे दीजिये।”

मैंने कहा, “यह मेरे पति का पत्र है, यह मैं आपको नहीं दे सकती।”

जेलर, “फिर अगर आप इसे पढ़ चुकी हैं तो इसे फाड़ डालें।”

मैंने उसी समय अपना प्यारा पत्र टुकड़े-टुकड़े कर दिया और भीतर अपने वार्ड की ओर चल दी।

# जेल में पहला दिन

जिला जेलों ये महिला-वार्ड बहुत छोटा-सा होता है क्योंकि मुक़दमा हो जाने पर छह मास या उससे अधिक दण्ड वाली स्त्री सेण्ट्रल जेल में भेज दी जाती है। मेरठ की जिला जेल में दीवार से घिरा हुआ महिला-वार्ड बना है। इस वार्ड का एक ही द्वार है, जो लोहे के मोटे तख़्ते से बना हुआ है। इस पर हर समय ताले पड़े रहते हैं, एक बाहर से बन्द किया जाता है और दूसरे को लेडी वार्डर भीतर से बन्द कर लेती है। बाहर की ताली दफ़्तर में और भीतर की ताली लेडी वार्डर के पास रहती है। उसी द्वार के पास लाकर मुझे खड़ा कर दिया गया। मेरे साथ हेड वार्ड और मेरा सामान उठाये हुए एक क़ैदी नम्बरदार था। वार्डर ने बाहर से द्वार का ताला खोला और द्वार खड़खड़ाया, तब भीतर से भी ताला खोला गया। द्वार खुल गया। वार्डर ने कहा, "चलिए, यहीं आपको रहना है।" मैं बिना उत्तर दिये चुपचाप भीतर चली गयी। मेरे भीतर होते ही बाहर का ताला बन्द कर दिया गया और उसी समय लेडी वार्डर ने भीतर का ताला भी बन्द कर दिया।

जमादारिन एक बड़ी आयु की ईसाई स्त्री थी, जिसका जन्म ब्राह्मण वंश में हुआ था। मुझसे कहा गया, "यह स्त्री पैदाइश से ब्राह्मण है, आप चाहें तो इससे खाने में मदद ले सकती हैं।"

द्वार के ठीक सामने एक लम्बी बैरक थी। उसी के द्वार पर दो छोटी उम्र की क़ैदिनें बैठी हुई मेरी ओर बड़ी उत्सुकता से देख रही थीं। उनके बाल खुले हुए थे तथा कपड़े फटे हुए और बहुत मैले थे।

जमादारिन मुझे उसी बैरक के भीतर ले गयी। बैरक में 17 लम्बी-लम्बी मिट्टी की चौकियाँ बनी हुई थीं, उन्हीं में से एक चौकी पर मेरा बिस्तर भी रख दिया गया। यही मेरा घर था।

मैंने बैरक के अन्दर घूमकर देखा। उसमें एक कोने में पाखाना भीतर ही बना था। मुझे इसी बैरक में सोना भी था, बड़ी कठिनता थी, पर क्या करती। पाखाने से 6 चौकियाँ छोड़कर एक कोने में अपना बिस्तर बिछा ही लिया।

बैरक में 6 बड़े-बड़े द्वार थे, जिनमें से एक को छोड़कर सब पर सात-सात लोहे की मोटी छड़ें लगी हुई थीं। ये सदा बन्द रहते थे, केवल एक द्वार जो लोहे की छड़ों द्वारा ही बनाया गया था, खुला रहता था। वह द्वार गर्मी-सर्दी दोनों ही समयों के लिए दुखदायी होते हैं। गर्मी में लू, आँधी और धूप भीतर आकर क़ैदियों को सताती है और सर्दियों में ठण्डी-ठण्डी हवा तथा वर्षा क़ैदियों के शरीरों को अकड़ा देती है। पर इन द्वारों से जेल अधिकारियों को सुविधा होती है। बन्द क़ैदी भीतर क्या कर रहा है, यह बाहर से प्रतिक्षण दिखायी दे सकता है। अस्तु—मैं अपने बिस्तर को फैलाकर बैठ गयी।

सहसा 'भारतमाता की जय' के मधुर घोष से जेल गूँज उठा। मैं चौंक पड़ी। जेल में यह मधुर ध्वनि! पर मुझे समझने में देर नहीं लगी—पास की, पुरुषों की बैरकों में जो राजनीतिक क़ैदी बन्द थे, उन्होंने क़ाज़ी साहब के पहुँचते ही स्वागतार्थ हर्षमय जयघोष किया था। मेरे दिल में आया—'क़ाज़ी साहब अपने साथियों में जा मिले हैं। उनका हर्ष और प्रेम से जयनाद द्वारा स्वागत सैकड़ों कण्ठों ने किया है, पर मेरा स्वागत? मेरा स्वागत केवल मूक वायु ने हलकी-सी सर-सर ध्वनि करके ही समाप्त कर दिया।'

वहाँ मेरा कोई साथी न था।

हाँ, मेरी बैरक में दो स्त्रियाँ और भी रहती थीं। एक तो घर से भागकर आयी थी, दूसरी को धर्म-परिवर्तन करने के कारण झगड़ा हो जाने से जेल भुगतनी पड़ रही थी।

वह एक ब्राह्मण की लड़की थी। उसके उत्पन्न होने के कुछ समय बाद उसके पिता ने मुस्लिम धर्म स्वीकार कर लिया था। इसलिए बड़े होने पर एक मुस्लिम पुरुष से उसका विवाह कर दिया गया था, जो उसे बहुत मारा-पीटा करता था। इस तरह तंग आकर उसने एक हिन्दू से शादी कर ली, जहाँ उसे शुद्ध भी किया गया और आपस के हिन्दू-मुस्लिम झगड़े में उस स्त्री को छह मास का दण्ड मिल गया। वह स्त्री कोई उत्तम संस्कारों की न थी।

दोनों स्त्रियाँ धीरे-धीरे आयीं। उनमें से एक ने मुझसे पूछा, ''तुम किस जुरम में आयी हो?''

मैंने मुस्कराकर कहा, "माँ को प्यार करने का जुर्म किया है।" दोनों स्त्रियाँ एक-दूसरे का मुँह देखने लगीं। उन्हें मेरी बात समझ नहीं आयी।

कुछ देर में मुझे मूँज की बनी हुई एक चटाई और एक काला कम्बल दिया

गया। चटाई नीचे बिछाने के लिए और कम्बल ऊपर ओढ़ने के लिए था। मुझे अभी एक घण्टा भी न बीता था जब द्वार खड़खड़ाया जाने लगा, जमादारिन भागी। ताला खोला गया। द्वार खुला तो जेलर और जेल सुपिरिंटेंडेंट साहब भीतर आते दिखायी दिये। मेरे लिए एक छोटी-सी छह सीटोंवाली बैरक ख़ाली करवाई गयी। उस बैरक की हालत पहली बैरक से कहीं अधिक बुरी थी। अतः मैंने वहाँ रहना स्वीकार नहीं किया। मेरे मना करने का एक और भी कारण था, मुझे 'ए' क्लास मिलने के कारण अकेले रखने का प्रबन्ध किया गया था। वैसे तो मेरे साथ की राजनीतिक क़ैदी कोई बहन वहाँ थी ही नहीं और इख़लाक़ी क़ैदियों को भी मुझसे अलग रखने का प्रबन्ध किया जा रहा था। अस्तु, उसी लम्बी बैरक में ही मेरा निवास-स्थान माना गया। मुझे जेल हस्पताल से एक लोहे का जालीदार पलंग दिलवा दिया गया। कुछ फल और एक पाव दूध प्रातः के नाश्ते के लिए मुझे दिया गया और द्वार बन्द हो गया।

भूख तो लग ही रही थी, मैंने खाने के लिए सन्तरा उठाया। खोलते ही उसमें एक विचित्र चीज़ के दर्शन हुए, वह था एक छोटा-सा पत्र। पत्र का मजमून यह था :

बहन जी,

वन्दे!

हम सब लोगों की ओर से आपको जेल आने के उपलक्ष्य में बधाई हो। जिस समय आप मुलाक़ात के लिए अपने वार्ड से बाहर जावें, हमारे वार्ड के द्वार की ओर देख लें। **'हम' सींकचों में ही से आपको प्रणाम करना चाहते हैं।**

हम हैं,<br>आपके भाई<br>जेल के **'क़ैदी'**।

थोड़ी देर में मेरे वार्ड का द्वार फिर खुला, एक वार्डर एक क़ैदी के सिर पर कोई चीज़ लाता हुआ दिखायी दिया, वह था गद्दा। जेलद्वारा मुझे एक गद्दा भी बिछाने को मिला, पर उस गद्दे में और काँटे के बिछौने में कुछ अन्तर न था। मामूली कपड़े के अन्दर गाय-भैंसों को खिलाये जाने वाला सूखा भूसा भरा हुआ था। मैंने उसे बिछाने की व्यर्थ चेष्टा की, कभी वह सब एक तरफ़ हो जाता और कभी दूसरी ओर पहुँच जाता। मैं हैरान थी। इसका क्या इस्तेमाल किया जाता होगा। जैसे-तैसे उसे लोहे के पलंग पर नीचे मूँज की चटाई बिछाकर उसके ऊपर यह गद्दा बिछा दिया। मैंने चाहा कि देखूँ, इस पर कैसे सोया जाता है। ज़रूर

यह गद्दा जेल हस्पताल से दिलवाया गया होगा और रोगी ऐसे ही गद्दों पर सुलाये जाते होंगे, मैं भी तो देखूँ।

मैं गद्दे पर लेट गयी। आह! उन रोगियों की क्या दुर्दशा होती होगी। मैं गद्दे पर पूरा एक मिनट भी न लेट सकी। पैने-पैने तिनकों ने कपड़े के दबते ही अपने सिर बाहर कर लिये, हज़ार जिह्वाओं द्वारा डंक मारने के लिए गद्दे ने शेषनाग का रूप धारण कर लिया।

मैं उठ बैठी। गद्दा वापस कर दिया। ख़ाली खाट पर भी बिस्तर बिछाना कठिन था। खाट लोहे की बनी हुई थी और उसमें भी बड़े-बड़े छेद से बने हुए थे, जिससे बिस्तर के दबते ही जगह-जगह गड्ढे पड़ जाते थे। ख़ैर मैंने मिट्टी की चौकी पर बिस्तर बिछाना ही पसन्द किया।

रात को नींद ठीक न आयी थी, वैसे भी काम करते हुए थकावट प्रायः बनी ही रहती थी। ख़याल आया कि अब आराम करने के दिन आये हैं। सरकार ने इसीलिए बुला लिया है। मैं सोने की चेष्टा करने लगी पर, धूप निकल आयी थी। जुलाई का महीना, इसलिए था गर्मी बहुत अनुभव होनी लगी।

धूप रोकने का कोई (किवाड़ आदि) साधन नहीं था। मेरा जन्मस्थान इस पृथ्वी के स्वर्ग, कश्मीर में हुआ है। इस कारण गर्मियों के दिनों में हर साल कश्मीर में रहने का मुझे अभ्यास था। यह मेरी पहली गर्मियाँ थी जो मैंने मैदान में काटीं और वह भी जेल में, जहाँ गर्मी के साथ मच्छरों का भी अखण्ड राज्य था। ख़ैर, मैंने सोने की कोशिश की, परन्तु दस बजे होंगे, वार्ड का द्वार खुला, एक जमादार ने आकर सूचना दी कि प्रोफ़ेसर जी तुमसे मिलने आये हैं। मैं उठकर वार्ड से बाहर आयी, द्वार से बाहर होते ही एक तरफ़ से आवाज़ आयी, 'बहनजी, वन्दे', 'भारतमाता की जय।' मैंने चौंककर देखा, पर कुछ स्पष्ट न देख सकी। हाँ, इतना अन्दाज़ा हो गया कि मेरे भाई कहीं सींकचों में से मेरा स्वागत कर रहे हैं।

जेल के दफ़्तर में प्रोफ़ेसर जी एक कुरसी पर बैठे हुए मेरी प्रतीक्षा कर रहे थे, वहीं मैं भी जाकर पास की एक कुरसी पर बैठ गयी। प्रोफ़ेसर जी ने कहा, "शहर में हड़ताल हो गयी है। कॉलेज को बन्द करवाया जा रहा है, कई स्थानों पर हड़ताल करवाने के लिए बहनें पिकेटिंग कर रही हैं।" मेरा दिल उछलने लगा। कहीं मैं भी उनका साथ दे सकती।

20 मिनट बीतते देर न लगी, जेलर ने कहा, "आपका समय समाप्त हो गया।" मैं उठ खड़ी हुई। प्रोफ़ेसर जी को नमस्कार करके अपने वार्ड की ओर लौट पड़ी।

इस बार मुझे 12 नम्बर का वार्ड दूर से दिखायी दिया, उसी वार्ड में मेरे परिचित भाई राजनीतिक क़ैदी बन्द थे, वह इतने दूर थे कि मैं उन्हें पहचान भी

न सकी। हाँ, 'बहन जी वन्दे' के शब्द सुनायी देने लगे। मेरी इच्छा हुई कि इन लोगों से कुछ बात करूँ पर मैं 'क़ैदी' थी, बात करना मेरे अधिकार में न था। मजबूर होकर मैं वार्ड के भीतर चली गयी।

इसके बाद वही मेरा वार्ड और वही मैं; द्वार बन्द हो गया। मैं बैरक में आकर चटाई पर बैठ गयी। तरह-तरह की पिछली घटनायें रह-रहकर आँखों के आगे नाचने लगीं। प्रोफ़ेसर जी के यह शब्द "अच्छा उर्मिला नमस्ते" कानों में गूँजने लगे। मैं सोचने लगी। अभी तो पहला ही दिन है। कहा करते थे, हम गुलाम हैं। पर वास्तव में गुलामी क्या चीज़ है, उसका अनुभव अब होने लगा। बन्द पक्षी पिंजरों से बाहर उड़कर जाना चाहते हैं। पक्षियों की याद आते ही मेरी नज़र ख़ुद-ब-ख़ुद नीम के पेड़ की ओर चली गयी। यह पेड़ मेरे वार्ड में ही था। मुझे दिखायी दिया—उस पर अनेक पक्षी बैठते थे और जब चाहते थे, उड़ जाते थे।

मैं अपने ध्यान में लगी थी, मुझे यह भी पता नहीं लगा कि वार्ड का द्वार कब खुला। हाँ, मैंने इतना देखा—एक थाली में खाना परोस कर लाया गया है। खाना मेरे घर से आया था। इसलिए जेल के खाने का अनुभव उस समय मैं न कर सकी। दोपहर में कुछ वर्षा-सी होने लगी। मैं बैरक में चली गयी। और दोपहर का वक़्त नींद में ही व्यतीत कर दिया।

शाम के चार बजे होंगे कि वार्ड का द्वार खुला। सामने मैदान में आते-जाते क़ैदी दूर से दिखायी देने लगे। किसी के हाथ में तो किसी के पाँवों में लोहे के ज़ेवर चमकते नज़र आ रहे थे। अदालत से क़ैदी लोग अपने भाग्यों का निर्णय लेकर चले आ रहे थे। मैं उत्सुकता से देखने लगी। इतने में देखा कि सिर पर एक बड़ी-सी पीतल की परात रखे हुए एक क़ैदी हमारे वार्ड के द्वार पर आया। उसके साथी के हाथ में एक लोहे की बाल्टी थी, वे लोग क़ैदियों को रोटी बाँट रहे थे। लेडी वार्डर ने पुकारा, "चलो, रोटी ले लो!"

क़ैदी बहनें अपना-अपना लोहे का तसला और कटोरी लेकर आगे बढ़ीं। रोटी परोसने वाले ने पाँच रोटियाँ और एक-एक कड़छी दाल की सबको बाँट दी। मैं भी यह देखने के लिए कि इन लोगों को कैसा खाना दिया जाता है, बैरक से बाहर द्वार के निकट आयी। मैंने अधखुले द्वार में से बाहर अहाते की ओर देखा, पण्डित प्यारेलाल शर्मा, चौधरी विजयपाल सिंह, जगदीश चन्द्र आदि मेरठ के राजनीतिक क़ैदी चले आ रहे हैं। मैं नहीं कह सकती कि मुझे उन लोगों के देखने से कितना हर्ष और आनन्द हुआ। ठीक उसी तरह, जैसे किसी निर्धन को अत्यन्त धनराशि के दर्शन हो जायें। पर यह मेरा हर्ष स्थायी न रह सका। जमादार ने शीघ्र ही द्वार बन्द कर दिया।

शाम को मेरे लिए जेल से खाना खाया, खाना अपनी ओर से शायद यत्न से बनाया गया था। पर मैं कोशिश करने पर भी उसे खा न सकी। आटे में रेत थी जो दाँतों के नीचे आकर शरीर भर में एक विचित्र झनझनाहट उत्पन्न करने लगी। मैंने खाना छोड़ दिया; लेडी वार्डर ने कहा, "खा लो बीबी, दुख मनाने की कौन-सी बात है?"

वार्डर यह नहीं समझ रही थी कि यह खाना खाया ही नहीं जा रहा क्योंकि इसमें रेत है। ख़ैर मैंने खाना दूसरी क़ैदी बहनों को बाँट दिया।

लगभग साड़े छह बजे होंगे कि द्वार खुला। जेलर साहब दो वार्डरों के साथ भीतर आये। आपने कहा, "अब बन्द किये जाने का समय है। आप भीतर चली जावें।"

मैं, "अभी से!"

जेलर, "जी हाँ, अभी से।"

मैं भीतर चली गयी। बैरक का लोहे के सींकचों वाला द्वार बन्द कर दिया गया। इसको लोहे की एक मोटी ज़ंजीर द्वारा कस दिया गया, जिस पर दो मोटे लोहे के ताले डाल दिये गये।

उसके बाद बाहर के अहाते के द्वार को भी बाहर से बन्द कर दिया गया। वार्ड के भीतर एक बैरग में दो तालों के अन्दर हम तीन स्त्रियाँ प्रातः पाँच बजे तक के लिए बन्द हो गयीं। मैंने देखा सूर्य भगवान अब भी उसी तरह चमक रहे हैं, उनकी रश्मियाँ लालसामयी ज्योति से संसार को अब भी मुग्ध कर रही थीं। मैं बैरक के अन्दर ज़रा से स्थान में ही टहलने लगी। मुझे ख़याल आया कि शहर में यही समय जुलूस निकलने का है। मैं कल्पना करने लगी, 'शहर में बड़ा भारी जुलूस निकल रहा होगा। स्त्रियाँ, बच्चे, बड़े, बूढ़े सभी हर्ष से उसमें सहयोग दे रहे होंगे। दुकानदार उसका स्वागत कर रहे होंगे, अब मीटिंग होगी, विदेशी कपड़े की होली जलायी जावेगी।" फिर ख़याल आया कि मैं तो अब इस सबसे वंचित हो गयी हूँ।

विचारधारा समाप्त हो गयी, पर अब भी आकाश पर लाली थी। अभी नींद का समय नहीं था। अन्दर टहलने के लिए जगह भी नहीं थी। मैं लेट गयी। लेटते ही मच्छरों ने अपने प्रेमपूर्ण मधुर गान से रात्रि में होने वाले काण्ड की सूचना अभी से दे दी। कोई मच्छर हाथ पर तो कोई पैर पर बैठकर मेरा आतिथ्य करने लगा। दुर्भाग्य से हवा भी बन्द हो गयी थी। मारे गर्मी और मच्छरों के साक्षात् नरक के दर्शन होने लगे। मैं कभी लेट जाती और कभी बैठ जाती और कभी टहलने लगती। मेरी साथी क़ैदी बहनें मेरी इस क़वायद पर ध्यान न देकर अपनी

ग्रामीण भाषा में गाने लगीं। मुझे बड़ा आश्चर्य होने लगा, मेरी तो बुरी हालत हो रही थी, पर वे दोनों आनन्द से मिट्टी की खाटों पर पाँव फैलाकर गा रही थीं। पर नींद उन लोगों को भी नहीं आ रही थी।

जैसे-तैसे रात का एक बजा। मैं बिस्तर पर लेट गयी, पर अधिक देर तक लेटी न रह सकी। मैं जेल में आज ही आयी थी। मच्छर मेरा स्वागतगान मुझे विशेष रूप से सुनाना चाह रहे थे, पर मैंने उनकी अवज्ञा करके सोने की कोशिश की थी, इस पर वे रूठ गये। अन्त में उनके काटने से मेरी नींद खुल गयी और फिर प्रातः तक नहीं आयी। मेरा ख़याल था कि थोड़ी देर में दिन निकल आवेगा। पर जेल के घण्टे की आवाज़ से मालूम हुआ कि अभी दो ही बजे हैं; मैंने मन्त्र-पाठ शुरू किया। बचपन से आज तक जो भी कोई मन्त्र और श्लोक पढ़े या याद किये थे, उन सभी की आवृत्ति कर डाली, परन्तु आश्चर्य कि यह मन्त्र-पाठ समाप्त हो गया मगर रात्रि अब भी शेष थी। अन्त में परमात्मा को दया आयी। क्रमशः शीतल मन्द समीर के झोंके आने लगे और उन्होंने थपकियाँ देकर मुझे सुलाना चाहा पर सहसा द्वार खड़खड़ाया गया; आवाज़ आयी, 'उठ जाओ....दरवाज़ा खुलता है।'

# अदालत का स्वाँग

खटखटाहट सुनकर हम लोग उठकर बैठ गयीं। तब जमादारिन के साथ दो जमादारों ने आकर बैरक का द्वार खोल दिया। हमारी गिनती की गयी और वार्ड बन्द कर दिया गया। अब मुझे स्नान करने आदि के लिए आज्ञा मिली और मैं परमात्मा का धन्यवाद करती हुई बैरक से बाहर निकली।

लगभग ग्यारह बजे होंगे, मुझे सूचना मिली कि प्रोफ़ेसर जी और दूसरे लोग मुझसे मिलने आये हैं; वार्ड का द्वार खुला। एक वार्डर और लेडी वार्डर के साथ मैं जेलर के दफ़्तर में पहुँची। मैंने देखा प्रोफ़ेसर जी के साथ पं. रामस्वरूप शर्मा (जत्थेदार हिन्दुस्तानी सेवादल) भी आये हैं। मुझे बड़ी प्रसन्नता हुई। प्रोफ़ेसर जी ने पूछा, "कुछ तकलीफ़ तो नहीं?"

मैं—"नहीं जी।"

प्रोफ़ेसर जी—"आज तुम्हारा भी मुक़दमा होगा।"

मैं—"कहाँ? अदालत में?"

प्रोफ़ेसर जी—"नहीं, जेल के भीतर।"

शर्मा जी ने कहा, "लोग आपको देखना चाहते हैं।" मैं इसका क्या उत्तर दे सकती थी...समय समाप्त हो गया। प्रोफ़ेसर जी चले गये, मैं फिर अपनी उसी बैरक में आ गयी।

नया स्थान था और कोई परिचित-अपरिचित, अच्छी सोसाइटी का साथी नहीं था। सिर्फ़ दो क़ैदिनें थीं। उनकी बहुत बातों से तबीयत घबराने लगी। मैं बैरक से उठकर बाहर एक पेड़ के नीचे कम्बल बिछाकर बैठ गयी। घर की याद, मित्रों की स्नेहमयी बातें—रह-रहकर याद आने लगीं, तबीयत घबराने लगी; मैंने उनको भुलाने के ख़याल से सोने की चेष्टा की।

अर्धनिद्रित अवस्था में मेरे सामने एक चित्र-सा खिंच गया—शहर में जुलूस निकल रहा है, बड़ा भारी जुलूस है, बहुत-सी पताकायें जुलूस की सुन्दरता बढ़ा रही हैं। हज़ारों स्त्री-पुरुषों के झुण्ड-के-झुण्ड उसमें आ-आकर सम्मिलित हो रहे

हैं। सबसे आगे स्त्रियाँ गाती हुई जा रही हैं :

"बाग़ में सर सर का झोंका, आशियाना ले गया।
क़ैद में हमको हमारा, आबोदाना ले गया॥
गुल गुले गुलची का शिकवा, बुलबुले भारत न कर।
तुझको पिंजरे में तेरा यह, चहचहाना ले गया॥
कौन कहता है ज़बरदस्ती से, हम पकड़े गये।
जेल में खुद हमको शौके-क़ैदख़ाना ले गया॥
मैंने भी उनके स्वर में स्वर मिलाकर गाना शुरू किया—
"हमको पिंजरे में हमारा, चहचहाना ले गया।"

अचानक लेडी वार्डर ने आवाज़ दी। मैं चौंक उठी, अरे यहाँ तो कहीं जुलूस नहीं, यह तो वही कम्बल है, जिस पर जेल के अन्दर लेटी हुई हूँ। मैंने अपने स्वप्न को सोचना शुरू किया, ठीक तो है। हम जान-बूझकर ही तो जेल आये हैं, दिल में ख़याल आया—अगर मैं ऐसा नहीं करती तो? आत्मा ने कहा—तो बड़ा भारी पाप होता। तुमने अपनी माँ को प्यार किया। अगर यह गुनाह है तो दुनिया में पुण्य क्या हो सकता है? मैंने आत्माभिमान के साथ कहा; अगर इस 21 साल की उम्र में कोई पुण्य किया है, तो वह यही है। मेरा चेहरा खिल उठा, दिल में उत्साह की तरंगें उठने लगीं, जोश में मैंने गुनगुनाना शुरू किया।

कौन कहता है ज़बरदस्ती से हम पकड़े गये।
क़ैद में हमको खुद शौके-जेलख़ाना ले गया॥

ज्यों-ज्यों मैं इसे गाने लगी, त्यों-त्यों मेरा उत्साह बढ़ने लगा। जमादारिन ने फिर आवाज़ दी, "तुम्हारे मुक़दमे का वक़्त हो गया।"

मैंने ख़ुशी से कहा, "अच्छी बात है।"

जमादारिन, "तुम्हारे मुक़दमे का पता नहीं क्या नतीजा होगा।"

मैं—"सजा मिलेगी।"

जमदारिन—"कितनी?"

मैं—"मेरे काम को देखकर छह मास की तो देगा ही।"

जमादारिन—"ऐसा मत कहो बहन!"

जेल के मुख्य द्वार के ठीक ऊपर जेल का दफ़्तर है। यहीं मेरे भाग्य का फ़ैसला करने का प्रबन्ध किया गया था। मैं वार्ड से बाहर निकली, सींकचों में से सुनायी दिया—'भारतमाता की जय'। मैंने भी बिना पहचाने हाथ जोड़ दिये और आगे चल पड़ी। द्वार पर बड़ी भीड़ थी, कड़कती हुई दुपहरी के ठीक तीन बजे खुले मैदान में स्त्री और बच्चों को देखकर मेरा दिल दुखने लगा, पर आनन्द भी

हुआ। यह लोग मुझसे प्रेम रखते हैं। हाथ जोड़कर सबको दूर ही से नमस्कार करती हुई मैं दफ़्तर की ओर चल दी।

ऊपर कमरे के ऐन बीच में एक बड़ी-सी मेज़ के सामने ज्वाइण्ट मजिस्ट्रेट मि. कौगिल बैठे थे। पास ही दो-तीन क्लर्क मुक़दमों में सहायता देने के लिए थे। मेज़ के दोनों ओर सीटें मुक़दमा देखने वालों से भरी हुई थीं। मेरे से पहले शर्मा जी आदि का मुक़दमा हो रहा था। उनके समाप्त होते ही मेरी बुलाहट हुई। मेज़ के पास बैठने को मुझे कुर्सी दी गयी। मैंने बैठते हुए कहा, "मेरा मुक़दमा शुरू होने से पहले उन लोगों को बुला लेना ज़रूरी है जिन्होंने मेरा मुक़दमा सुनने के लिए अर्ज़ी दे रक्खी है।"

बहुत-सी बहनें और भाई ऊपर आ गये। जगह कम होने के कारण कइयों की सीढ़ियों में ही खड़ा होना पड़ा। मुक़दमा शुरू होते ही मैंने कहा कि सारी कार्यवाही हिन्दी में ही होनी चाहिए। ऐसा ही हुआ। मुझे बताया गया कि तुमने 13 तारीख़ को टाउनहॉल में विद्यार्थियों की मीटिंग में उन लोगों को सम्बोधित करते हुए कहा था–

"तुम लोग शराब की दुकान पर धरना दो, शराब की दुकान बन्द करवा देना तुम्हारा कर्तव्य है।"

मुझसे पूछा गया, "क्या आप मंजूर करती हैं?"

मैंने कहा, "जी हाँ।"

फिर कहा गया, "यह काम क़ानून के ख़िलाफ़ किया गया है। आप पर पिकेटिंग ऑडिनेंस के मुताबिक़ मुक़दमा चलाया जाता है।"

मैं, "अच्छी बात है।"

फिर पूछा गया, "आप गवाही चाहती हैं या स्वीकार करती हैं?"

मैंने कहा, "स्वीकार है।"

मेरी एक बहन ने मुझसे कहा, "अरे, यह क्या करती हो? ज़रा उनकी शक्ल तो देख लेने दो जिन्हें तुम्हारे ख़िलाफ़ गवाही देने के लिए यहाँ लाया गया है।"

मुक़दमे का नाटक तो समाप्त हो गया था। मजिस्ट्रेट ने हुक्म सुनाते हुए कहा–

"आप लीडर हैं इसलिए आपको 6 मास की सादा सजा दी जाती है, जो इस धारा के अनुसार ज़्यादा-से-ज़्यादा दी जा सकती है।"

मैंने मजिस्ट्रेट को इस उपहार के लिए धन्यवाद दिया। मेरी बहनों ने मुझे फूलमालायें उपहार में दीं। मैं सबको नमस्कार करती हुई नीचे आ गयी, जेल के द्वार पर खड़ी जनता ने उत्सुकता से पूछा, "क्या मिला?"

मैंने उत्तर दिया, "कुल छह मास।" सबने आशीर्वादमय बधाई के वाक्य

कहे और मैं भीतर आ गयी। मेरे लिए जेल का द्वार छह मास के लिए बन्द हो गया। जेल के भीतर के भाइयों ने, जिनका अभी मुक़दमा हुआ था, जयघोष द्वारा मुझे बधाई दी। और मैं अपनी बैरक में पहुँचा दी गयी। मेरे दिमाग़ में तरह-तरह की बातें चक्कर काटने लगीं, अभी दस मास भी नहीं हुए थे जब मेरा विवाह हुआ था। मेरे पूज्य पिता, भाई और बहन सुन्दर कश्मीर में हैं, जहाँ मेरा सुनहला बचपन बीता है, चार बरस हुए मेरी प्यारी जननी को जग-माता ने सदा के लिए अपनी गोद में बुला लिया था, मेरी माँ मुझसे छिन गयी, फिर विवाह के बाद भाई-बहनों का भी बिछोह हो गया, यहाँ मेरठ में आकर नये सिरे से नया संसार बसाया था। आज वह भी छूट गया। छह मास के लिए जेल की दीवारें मेरी मित्र होंगी, वायु मेरी बातों का मूक उत्तर दिया करेगी। पेड़ों पर बैठे पक्षी ही मेरे प्रश्नों को सुनेंगे। छह मास उफ़! बड़ा लम्बा समय है पर साथ ही ख़याल आया—यह क्या सोच रही हूँ। यह तो मुझे प्रभु ने मुँहमाँगी मुराद दी है। मैं स्वयं ही तो आयी हूँ। मेरे इस कष्ट से सम्भवतः माँ के संकटों में कुछ कमी हो सकेगी, इस विचार ने पहले विचारों को बदल दिया। दूसरी क़ैदिनों ने पूछा, "क्यों बीबी! क्या फ़ैसला हुआ?"

मैं—"छह मास मिले हैं।" अब छह मास कहते दुख नहीं था, हर्ष था, आनन्द था। मैंने सुना कि मेरे साथ जितने भी और भाई पकड़े गये थे, उन सभी को छह मास का ही उपहार मिला है।

# सज़ा के बाद

20 जुलाई से मेरे छह मास शुरू होते थे। मैंने बैठे-बैठे हिसाब लगाया, आज 20 तारीख़ है। जनवरी में जाकर किस दिन मुझे इस स्थान को छोड़कर अपने प्यारे मित्रों और सम्बन्धियों के दर्शन हो सकेंगे। बड़ी लम्बी कल्पना थी—जनवरी में मेरे छूटने की तारीख़ आवेगी। मेरे घर वाले उस तारीख़ की कितने चाव से प्रतीक्षा कर रहे होंगे। दिन निकलते ही सब-के-सब जेल से मुझे लिवा लाने की तैयारियों में लगेंगे, उस तैयारी में उन्हें कितना आनन्द मिलेगा। ठीक दस बजे मुझे बुलावा जावेगा, मैं पहले से ही तैयार हो जाऊँगी, जेल के दफ़्तर में बुलाकर मुझे घर जाने की आज्ञा दी जायेगी। मेरी आँखों के सामने उस दिन का पूरा दृश्य खिंच गया। मैं अपनी कल्पना द्वारा देखने लगी—वार्डर ने लोहे का बड़ा द्वार खोल दिया है और मैं उस द्वार से बाहर हो गयी हूँ। आहा! मेरे सम्बन्धियों के चेहरों पर कितना उल्लास है, कितना आनन्द है। सभी बार-बार मुझसे मिल रहे हैं। मैं अपनी कल्पना में डूबी हुई थी, सहसा ज़ोर से किवाड़ का ताला हिलाया गया। यह इशारा वार्ड के बाहर से द्वार खुलने पर भीतर वालों को सावधान करने के लिए हुआ करता है। मैं चौंक उठी पर शीघ्र ही मैंने अपनी आँखें फिर बन्द कर लीं। मैं चाहती थी, वह दृश्य मेरी आँखों से लोप न हो। मुझे ऐसा प्रतीत होने लगा, जैसे सत्य ही मेरे छूटने की तिथि आ गयी है। मुझे बुलाने के लिए द्वार खोलकर वार्डर आया है। वार्डर ने आवाज़ दी, “चलिये।”

मैंने आश्चर्य से उसकी ओर देखा। वार्डर ने फिर कहा, ‘‘चलिये, साहब बुलाते हैं।’’

मैं, “मुझे! किसलिये?”

वार्डर, “आपका मुलाहिज़ा होगा।”

मेरा स्वप्न मिट गया। उफ़, आज तो उन महीनों का पहला ही दिन है? अभी तो....मेरी तबियत घबराने लगी, अभी तो इन्हीं दीवारों के भीतर, इन्हीं जमादारों

की देखरेख में पूरे छह मास व्यतीत करने हैं। मैं यही सोच रही थी कि वार्डर ने मेरे बहुत पास आकर फिर कहा–

"बहन जी, शीघ्र चलिये, नहीं तो...."

"नहीं तो क्या?" मैंने चौंककर कहा।

वार्डर, "साहब जवाब तलब करेंगे।"

मैं उठी और वार्डर के साथ चल पड़ी। अपने द्वार के बाहर होते ही मैंने देखा, ठीक सामने आँगन में एक कुर्सी पर जेल के सुपरिंटेंडेंट कर्नल अब्दुल रहमान बैठे हैं, उनके सामने दो लम्बी क़तारें सजा पाये हुए क़ैदियों की खड़ी हैं जिनमें कई सत्याग्रही भी हैं। परन्तु उस वर्दी में, जो 'सी क्लास' के क़ैदियों को मिलती है, किसी को दूर से पहचान लेना बड़ा कठिन था। सुपरिंटेंडेंट की कुर्सी के पीछे सरकारी पोशाक पहने जेल के डॉक्टर और क्लर्क आदि खड़े थे। मुझे भी वहीं ले जाकर क़ैदियों के पास खड़ा कर दिया गया। मैंने देखा सत्याग्रही क़ैदी मुझे नमस्ते करना चाहते हैं। उनकी दृष्टि, उनकी मजबूरी स्पष्ट बता रही थी कि अगर वे मुँह से कुछ भी बोलेंगे तो उन पर कोड़े पड़ने लगेंगे। जेलर क्रूर दृष्टि से क़ैदियों की ओर घूर रहा था।

इसी समय सुपरिंटेंडेंट ने मुझसे पूछा–

"क्या आप अच्छी तरह हैं?"

मैं, "जी हाँ।"

सुपरिंटेंडेंट, "आपका ही नाम उर्मिला शास्त्री है?"

मैं–"जी हाँ।"

सुपरिंटेंडेंट–"क्या आप अपील करना चाहती हैं?"

मैं, "नहीं।"

सुपरिंटेंडेंट ने गम्भीरतापूर्वक मेरी ओर देखते हुए कहा, "जमादारिन, इन्हें ले जाओ।"

बस मेरा मुलाहिज़ा हो गया। मैं चली आयी और उसी वार्ड में, उसी बैरक में, अपनी चटाई पर आकर बैठ गयी। सारी उदासी काफ़ूर हो गयी। मैं अब प्रसन्न थी। जमादारिन ने अपने आप ही दूसरी क़ैदिनों से कहना शुरू किया, "देखो, साहब ने इनसे अपील के लिए पूछा पर यह मना कर आयीं। अपील करतीं तो साफ़ छूट जातीं।"

उन दोनों में से एक ने कहा, "अजी इनका क्या है, जब चाहेंगी छूट सकती हैं। इन पर तो गाँधी महाराज का हाथ है। वह इन्हें एकदम छुटा लेंगे।"

मैं, "कैसे? वह तो खुद जेल में हैं।"

क़ैदिन, "अजी कहने को जेल में हैं, उनको कौन बन्द कर सकता है। हमने तो सुना है--एक बार उन्हें सात तालों में बन्द किया गया, ताले पड़े ही रहे और गाँधी महाराज अपनी शक्ति से जेल के बाहर आ गये।"

मैं, "अच्छा, यह तुम्हें सुनाया किसने?"

क़ैदिन, "वाह, तुम जानती हुई भी ऐसा कहती हो! सारा गाँव तो कहता है।"

मैंने हँसकर कहा--"हाँ, ऐसा ही होगा।"

मुझे इन लोगों के अन्धविश्वास को मिटाने की इच्छा नहीं हुई। हाँ, यह बात बार-बार मेरे मन में उठने लगी कि इन लोगों की बातें किसे सुनायें! मेरा ध्यान फिर से अपने मित्रों की ओर खिंचने लगा, दिल में एक दर्द होने लगा--आह, मैं अपने भावों को दूसरों तक नहीं पहुँचा सकती। ख़याल आया, पत्र लिखूँ। पर मेरे पास काग़ज़ तक न था। लिखने का साधन, फाउण्टेन पेन तो मेरे साथ है, पर काग़ज़! वह अभी तक नहीं मिला। अब क्या करूँ? मन बहलाने के लिए मैं किताब लेकर पढ़ने लगी। इसी समय फिर से द्वार पर खटका होने लगा, सबकी दृष्टि उसी ओर खिंच गयी। द्वार खुला, सिर पर चटाई और कम्बल रखे हुए, एक हाथ में तसला-कटोरी लिए और दूसरे हाथ से छोटे बच्चे को गोद में सँभाले हुए क़ैदियों के वेश में एक स्त्री भीतर आती दिखायी दी। दोनों क़ैदिनों का कौतूहल बढ़ गया। क़ैदिन ने द्वार के भीतर आते ही सिर की चटाई और कम्बल ज़मीन पर पटक दिया। लेडी वार्डर को सलाम करके वह सीधी बैरक में आ पहुँची। उसे देखकर मुझे आश्चर्य हुआ क्योंकि उसके चेहरे पर दुख का कोई भाव न था, वह कमज़ोर इतनी थी कि उसके चेहरे की एक-एक हड्डी निकल आयी थी; उसकी आँखों में रोहे पड़ गये थे, जिनसे पानी निकल रहा था, लेडी वार्डर उसे पहले से जानती थी। साल भर पहले वह इसी जेल में एक वर्ष की सजा पाकर फ़तहगढ़ सेण्ट्रल जेल भेज दी गयी थी, उसका नाम मुहम्मदी था। अब छोड़े जाने के लिए वापस मेरठ लायी गयी थी। उसने लेडी वार्डर से पूछा, "यह बीबी कौन हैं?"

लेडी वार्डर, "यह कांग्रसवाली* हैं।"

मुहम्मदी ने मुझसे कहा, "सलाम बीबी!"

मैं, "सलाम।"

लेडी वार्डर ने उन क़ैदिनों के हाल पूछने शुरू किये जो यहाँ से फ़तहगढ़ भेजी जा चुकी थीं। बहुत देर तक बातें होती रहीं। मुझे भी फ़तेहगढ़ सेण्ट्रल जेल के हाल जानने की इच्छा थी, मैंने पूछा--

---

* जेल में राजनीतिक क़ैदी इसी नाम से बुलाये जाते हैं।

"वहाँ तुम्हारे साथ कैसा सुलूक होता था?"

मुहम्मदी, "बीबी, कुछ मत पूछो। जरा सी बात पर मार पड़ने लगती थी; नम्बरदारिनें और बैरकदारिनें तो हमारा ख़ून ही पी जाती थीं।"

लेडी वार्डर ने ताने से कहा, "क्यों सुख भी तो बहुत देती हैं।"

मुहम्मदी, "जिन्हें देती हैं उन्हें ही देती हैं, मेरी तो रो-रोकर आँखें ही ख़राब हो गयीं।"

मुझे बड़ा आश्चर्य हुआ। सुख जिन्हें देती हैं इससे क्या मतलब, मैंने पूछा, "जो रिश्वत देती होंगी, उन्हें तंग न करती होंगी।"

मुहम्मदी और लेडी वार्डर एक-दूसरे की ओर देखकर मुस्करायीं, मैं और भी चकराई। मैंने फिर पूछा, "क्या बात है?"

मुहम्मदी, "जो लड़कियाँ ख़ूबसूरत होती हैं, उन्हें आराम रहता है। उन्हें वह अपने पास से खिलाती है..."

इसके बाद जो-जो बातें उसने बतलाईं, उन्हें सुनकर मैं काँप उठी...हे भगवान ...मैं उन बातों को लिख भी नहीं सकती। मैं कह नहीं सकती कि उनकी बातें कहाँ तक ठीक थीं, पर उनकी कल्पना से ही दिल घबराने लगता है।

मैंने पूछा, "क्या लेडी जेलर इन बातों को नहीं जानतीं?"

मुहम्मदी, "सब जानती हैं।"

मैं, "फिर प्रबन्ध क्यों नहीं करतीं। यों तो बात-बात पर मार पड़े, तनहाई मिले और इधर ध्यान भी न दिया जावे।"

मुहम्मदी, "बीबी, रिश्वत दुनिया में सबसे बड़ी चीज़ है।"

मैं चुप हो गयी। इसके बाद मैं प्रश्न भी क्या करती। मुहम्मदी ने स्वयं ही कहना शुरू किया, "क़ैदिनें दूसरों के बच्चों को ज़िद से हौज में गिरा देती हैं; यहाँ तक कि एक बच्चा मर भी गया था, पर जिसने गिराया था, लेडी वार्डर उस पर मेहरबान थीं; सबने यह कहकर छुट्टी लीग कि बच्चा ख़ुद ही मर गया।"

इसी प्रकार बहुत देर तक वह अपनी कहानी कहती रही। इतने में द्वार पुनः खड़खड़ाया गया, लेडी वार्डर ने आवाज़ दी, "चलो, रोटी ले लो।"

# जेल-जीवन की झलक

अब तक तो वहाँ दो ही स्त्रियाँ थीं और दोनों भी पहली बार जेल आयी थीं, उनका स्वभाव पहचानने में मुझे कुछ विशेष कठिनता नहीं हुई थी; पर अब नयी आयी हुई स्त्री साल भर फ़तहगढ़ सेन्ट्रल जेल में रहकर अपराधों में निपुणता प्राप्त करके आयी थी। ऐसा प्रतीत होता था मानो उसे अपने क़ैदी होने का रंज ही न था। वह अपने दुख को भुलाकर आमोद-प्रमोद में मस्त रहती थी। यों तो भूल जाने का स्वभाव मनुष्य को परमात्मा की ओर से दिया गया है। यदि मनुष्य अपने प्रत्येक कष्ट और मुसीबतें सदा याद रखता तो प्रत्येक मनुष्य हर समय आँसू बहाता ही नज़र आता।

हमारी वार्डर को खुद भी नाच और गान का शौक़ था। वह खुद तो इसमें हिस्सा नहीं लेती थी, पर दूसरी क़ैदिनों का नाच और गान होने लगा। नाचने और गाने के भी कई ढंग होते हैं। ऐसा अश्लील नाच और गान मुझे अपनी आयु में क्यों देखने और सुनने को मिला था। वैसे तो दुर्भाग्य से हमारे देश का कोई प्रान्त अश्लील गाने और सुनने से न बचा होगा। पर यह अश्लीलता अभी तक गाँवों के गान और नाचों में बहुत कम, यहाँ तक कि नहीं के बराबर ही पायी जाती है। यह गुण तो शहरों में ही अधिक पाये जाते हैं। मेरे पिता आर्य समाजी विचारों के हैं, वह प्रत्येक बात और सिद्धान्त को पूरी तरह अमल में लाने और उसका संस्कार अपनी सन्तान पर ढालने का प्रयत्न करते हैं, मेरी स्वर्गीय माताजी भी इस काम में उनकी पूरी सहयोगिनी थीं। मुझे याद है—हमें कभी किसी शादी में गाने के स्थान पर नहीं जाने दिया जाता था। यहाँ तक कि विवाह से पूर्व मैंने एक भी ड्रामा, थियेटर अच्छा या बुरा नहीं देखा था। किसी भी तरह के नाचादि के देखने का मौक़ा ही क्या मिलता? वैसे मैं नृत्य-गान के विरुद्ध नहीं, वे उच्च श्रेणी की कलायें हैं। प्राचीनकाल में भारत में इनका अच्छा प्रचार भी था और यहाँ तक कि नृत्य-गान का सम्बन्ध धार्मिक कार्यों में, विशेषकर भक्तिमार्ग से था। पर जिस नृत्य-गान का मैं वर्णन कर रही हूँ, वह तो बहुत अश्लील और

गन्दा था। कोई भी सभ्य व्यक्ति इसे देखना पसन्द नहीं कर सकता। ख़ैर, यह सब राग और नाच रोज़ होने लगे और धीरे-धीरे उनके साथ लड़ाई-झगड़े का जन्म भी हो गया। अश्लीलता में जो कसर रह गयी थी वह यहाँ पूरी हो गयी। अब उन क़ैदिनों का सारा दिन गाली बकने, लड़ने या गन्दे राग गाने में गुज़रने लगा, कभी-कभी रोना-धोना भी शुरू हो जाता था। लड़ाई का अन्त तो प्रायः ऊँचे स्वर से रोने ही में होता था। ख़ैर, जो कुछ भी हो, वह सब थीं तो एक ही स्वभाव की; पर मैं अकेली थी। एक रात तो उन्होंने ग़ज़ब ही कर दिया, अभी ताला बन्द ही हुआ था, एक स्त्री को शौक़ सवार हुआ, उसने कहा, "चलो आज सुरमा बनाकर लगावें।" उन्होंने सरसों का तेल, जो उन्हें सिर पर लगाने को मिला था, लेकर जैसे-तैसे कालिख तैयार की; अब लड़ाई शुरू हुई। किसी ने ज़्यादा लगा लिया, किसी को कम मिला, बस दोनों ने कमर बाँधकर युद्धक्षेत्र में पदार्पण किया। मेरी मुसीबत आ गयी। मैं भी उसी बैरक में रहती थी, मेरी बड़ी इच्छा हुई कि इन लोगों को शान्त करा दूँ, कहीं वार्डर ने पेश कर दिया तो मुफ़्त में मारी जावेंगी; पर वहाँ तो दोनों ही एक-दूसरे को फाड़ खाने को तैयार हो रही थीं। रात को बारह बजे का घण्टा बजने लगा, तब तो मुझसे न रहा गया, मैंने उन लोगों को चुप रहने को कहा।

एक ने जवाब दिया, "तुम ही बता दो, मैंने क्या कहा है?"

दूसरी ने झट से कहा, "तो मैंने ही क्या कह दिया?" मैं चुप हो गयी। मैं उनकी इस दलील का जवाब क्या देती। वह फिर उसी तरह लड़ने लगीं, मजबूर होकर मुझे वार्डर को आवाज़ देनी पड़ी किन्तु वहाँ और ही तमाशा हो गया। उन दोनों में से एक ने उठकर स्वयं वार्डर को रो-रोकर बुलाना शुरू किया। ख़ैर, उनकी खुशक़िस्मती से वार्डर ने सुना ही नहीं या रात में दरवाज़ा खोलने की परेशानी से बचने के लिए बोली ही नहीं। मैंने कहा, "देखो, वार्डर के आने पर मैं तुम दोनों की बात कह दूँगी, इससे अच्छा है चुप हो जाओ।" इस बात का असर हो गया और वह दोनों कहीं एक बजे जाकर सो गयीं।

वे लोग तो लड़लड़ाकर बेफिक्री से सो गयीं पर यहाँ नींद हराम हो गयी। सारी रात चिन्ता में ही व्यतीत हुई, हाय! इस तरह कैसे दिन कटेंगे। इन लोगों से तो अलग ही अच्छी थी पर अलग रहने की भी इच्छा नहीं होती थी, क्योंकि जेल के भीतर, जहाँ अपना कोई रक्षक नहीं, कोई सहायक भी नहीं, ख़ासतौर से जब अपने कमरों की तालियाँ भी दूसरों के हाथ में रहती हैं, मुझे अकेले रहना मुनासिब न मालूम पड़ा। मैंने हाथ जोड़कर परमात्मा से प्रार्थना शुरू की, "हे प्रभो! मेरी किसी साथिन को और यहाँ भेज दो।" सम्भवतः मेरी प्रार्थना में

बल न था, मुझे घोर तपस्या की ज़रूरत थी। इसलिए मुझे तीन महीने अपनी राजनीतिक क़ैदी बहनों के आने तक ठीक इसी तरह अकेले इन्हीं लोगों की संगति में गुज़ारने पड़े।

जेल में मुझे खाने-पीने की प्रायः कभी तकलीफ़ न हुई। कपड़े मेरे घर से आते थे, पढ़ने के लिए पुस्तकें और लिखने के लिए एक कापी भी मिल गयी थी; सिलायी आदि का सामान भी घर से मँगा लिया था। सप्ताह में एक बार और बाद में दो बार, एक हिन्दी अख़बार भी जेलद्वारा मिलने लगा था। पहले एक सप्ताह तक तो खाना बाहर से पककर आता था, पर उसके बाद मैंने खुद बनाना शुरू कर दिया। अब कोई तकलीफ़ थी तो अकेलेपन की और उन स्त्रियों की बुरी संगति की। मैंने अपना प्रोग्राम बना लिया और उसी के अनुसार सारा दिन व्यतीत करने लगी। इसी तरह एक सप्ताह जेल में रहते-रहते हो गया।

धीरे-धीरे दिल भी लगने लगा! जेलर को कह देने से अब रात को वार्ड भी देर से बन्द होने लगा, इससे सूर्यास्त हो जाने पर बाहर बैठने या घूमने का मौक़ा भी मिल जाता था। गर्मी उन दिनों अधिक थी। दिन भर आँखों से मेहनत करने की वजह से आँखों में रोहे पड़ गये, सरदर्द भी ख़ूब रहने लगा। मैंने सुपरिंटेंडेंट साहब को अपनी इस बीमारी की सूचना दी, अतः एक दिन प्रातः मुझे दफ़्तर में बुलाया गया। मैं लेडी वार्डर के साथ दफ़्तर पहुँची।

मिस्टर रहमान जेल सुपरिंटेंडेंट दफ़्तर में बैठे थे। उन्होंने मुझसे पूछा—

"क्या आपकी आँखों में तकलीफ़ है?"

मैं, "जी हाँ।"

मि. रहमान, "क्या तकलीफ़ है?"

मैंने सब तकलीफ़ बतला दी। मि. रहमान ने कहा—

"अच्छा कल या परसों आपकी आँखें देखी जावेंगी। शायद आपको ऐनक लेनी होगी।"

मैंने कहा, "मैं किसी विशेषज्ञ (Specialist) डॉक्टर से अपनी आँखें दिखाना चाहती हूँ। आप कैप्टन टण्डन का प्रबन्ध कर दें। वह आँखों के विशेष डॉक्टर हैं।"

मि. रहमान, "क्यों, ख़ास टण्डन ही क्यों? आपको आँखें दिखाने से मतलब है, न कि डॉक्टर से।"

मैं, "मेरा मतलब आँखों के विशेष डॉक्टर से है।"

मि. रहमान, "फ़ीस कौन देगा?"

मैं, "मैं जेल में हूँ, मेरा इलाज जेल से नियमपूर्वक होना चाहिए।"

मि. रहमान, "जेल किसी के दाँतों और आँखों का ज़िम्मेवार नहीं।"

मैं, "नहीं तो नहीं सही। मैं फिर दिखा लूँगी।"

मि. रहमान, "कहाँ से दिखा लोगी?"

मैं, "जब छह महीने बाद जेल से घर जाऊँगी।"

मि. रहमान ने कहा, "अच्छा जाइये।"

मैं चुपचाप अपने वार्ड में चली आयी; मुझे चिन्ता थी कि यदि आँखें इसी प्रकार ख़राब होती गयीं तो क्या होगा पर मैं समझती थी कि जेल की यह ड्यूटी है कि मेरी आँखें किसी योग्य डॉक्टर को दिखायी जावें। कुछ दिन बाद सुपरिंटेंडेंट ने स्वयं ही किसी आँखों के विशेषज्ञ यूरोपियन डॉक्टर को लाकर दिखा दीं। मेरे लिए दवा भी तजवीज़ कर दी गयी। अगले दिन कलेक्टर साहब जेल-निरीक्षण को आ रहे थे। मैंने प्रायः यही देखा कि जब-जब जेल देखने को कोई अफ़सर आने वाला होता था, क़ैदियों की माँग पूरी करने का यत्न किया जाता था।

दूसरे दिन प्रातः से ही सारे वार्डों में धूम मच गयी कि साहब आ रहे हैं। क़ैदियों को विशेष सफ़ाई आदि करने की आज्ञा मिली। परेड के लिए लाइनें बनने लगीं। ठीक 9 बजे हमारा वार्ड खुला। सुपरिंटेंडेंट के साथ कलेक्टर साहब ने भीतर प्रवेश किया। बिना दूसरी क़ैदिनों को देखे वह मेरी बैरक के पास पहुँचे। मैं खड़ी हो गयी। कलेक्टर ने पूछा—

"क्या आप सकुशल हैं?"

मैं, "जी हाँ।"

कलेक्टर, "कोई तकलीफ़ तो नहीं?"

"मैं—नहीं जी।"

कलेक्टर, "आप इस समय क्या कर रही थीं?"

मैंने अपना तकिया जिसमें जाली डाल रही थी, दिखा दिया।

कलेक्टर, "अच्छा गुड मॉर्निंग।" मैं भीतर चली गयी और कलेक्टर दूसरी कैदिनों से बिना कुछ पूछे ही लौट गये। सुपरिंटेंडेंट रहमान साहब ने पास से गुज़रती हुई एक क़ैदिन को कुत्ते की तरह धुतकार ज़रूर दिया। बस यही उन लोगों की जेल परीक्षा थी।

कलेक्टर के आने के दिन से भी बढ़कर धूमधाम का वह दिन था, जब जेल में इंस्पेक्टर जनरल ऑफ़ प्रिजन्स (Inspector General of Prisions) अर्थात् प्रान्त का सबसे बड़ा जेल का अफ़सर आने वाला था। सारी जेल में सफ़ाई करायी गयी, जगह-जगह लिपाई-पुताई और सफ़ेदी की गयी। दो दिन पहले से जेल के किसी कर्मचारी को दम भरने की फ़ुर्सत न थी। अन्ततः 26 अगस्त को

इंस्पेक्टर जनरल का पदार्पण हुआ। फीमेल वार्ड में जब वह आये तो स्वभावतः मुझे उनके आगे पेश किया गया। उन्होंने मामूली प्रश्न किया—

"आप अच्छी तरह हैं? किसी चीज़ की ज़रूरत तो नहीं?"

मैं, "अच्छी तरह हूँ, अगर आप चर्खा दिला सकें तो बड़ी कृपा हो, जिससे मैं कुछ कातकर समय निकाल सकूँ।"

इंस्पेक्टर जनरल, "चर्खा किसी क़ैदी को नहीं दिया जा सकता!"

मैं, "जहाँ तक मैंने सुना है और जेलों में 'ए' क्लास क़ैदियों को चर्खा दे दिया जाता है।"

इंस्पेक्टर जनरल, "अच्छा, हम इसकी ख़बर करेगा और कोई तकलीफ़ तो नहीं?"

मैं, "यहाँ पर मैं अकेली हूँ, पन्द्रह दिन में एक बार मिलना होता है। मुझे चिट्ठी लिखने के बदले एक बार अधिक मिलने की इजाज़त दे दी जावे।"

इंस्पेक्टर जनरल, "अच्छा आपको लखनऊ भेज दिया जावेगा। वहाँ आपके साथ की दूसरी और औरतें भी हैं।"

इंस्पेक्टर जनरल इतना कहकर सुपरिंटेंडेंट के साथ मेरे लखनऊ भेजने के विषय में बातचीत करते हुए चले गये। उनके चले जाने के बाद मैं इस चिन्ता में पड़ गयी कि कहीं सचमुच मुझे लखनऊ भेज दिया तो क्या होगा! लखनऊ जाने की चिन्ता से मैं घबड़ा उठी। इसमें सन्देह नहीं कि एकान्तवास का घोर कष्ट मुझे मेरठ जेल में था, प्रोफ़ेसर जी बार-बार कहते थे कि तुम लखनऊ चली जाओ तो अच्छा रहे। एकान्तवास का असर मेरे स्वास्थ्य पर भी पड़ रहा था, पर फिर भी मुझे मेरठ से मोह था। मेरे जीवन का नवीन अध्याय मेरठ में प्रारम्भ हुआ था। अपने सुदूरवर्ती कश्मीर के घर को छोड़कर मैंने मेरठ में अपना घर बनाया था। जेल में होते हुए भी मुझे ऐसा प्रतीत होता था कि मैं घर के नज़दीक हूँ। घर के वायुमण्डल में हूँ इसलिए मैं मेरठ छोड़कर लखनऊ जाना नहीं चाहती थी।

अगली बार जब प्रोफ़ेसर जी मिलने आये तो उनसे मुझे यह जानकर बहुत सन्तोष हुआ कि इंस्पेक्टर जनरल ने मुझे लखनऊ भेजने का विचार छोड़ दिया है। फिर मैंने चर्खे के विषय में पूछा क्योंकि मैं समझती थी कि मेरे एकान्त जीवन में चर्खा ही एकमात्र सहारा होगा। पर मुझे बताया गया कि इंस्पेक्टर जनरल ने मुझे चर्खा देने के बदले और जेलों में भी सरक्यूलर भेज दिया कि जिन-जिन सत्याग्रही क़ैदियों को चर्खा दिया गया हो, उन सबसे छीन लिया जावे! मुझे यह जानकर बहुत दुख हुआ। इससे तो अच्छा था कि मैं अपने लिए चर्खा न माँगती।

पत्र-व्यवहार के बदले एक अधिक मुलाक़ात करा दी जावे, यह बात जेल के नियमानुकूल थी और जेल-मैनुएल में दर्ज थी। मैंने सुना कि पंजाब की जेलों में

ऐसी इजाज़त दे भी दी गयी थी। प्रोफ़ेसर जी ने इस विषय में अख़बारों में भी लिखा और इंस्पेक्टर जनरल को भी लिखा। परन्तु अन्त में इंस्पेक्टर जनरल ने गवर्नमेंट का ऑर्डर मँगा लिया कि यह क़ायदा 'सी' क्लास वालों के लिए समझा जावे अर्थात् यह 'ए' व 'बी' क्लास पर लागू न हो। पर मुझे अच्छी तरह पता है कि 'सी' क्लास वाले सत्याग्रही क़ैदियों को भी इसका फ़ायदा कभी नहीं दिया गया। अन्त में मैंने यह सोचकर सन्तोष कर लिया कि आख़िरकार हम लोग जेल में कष्ट सहने आये हैं, मेरी तनहाई भी उस कष्ट का एक भाग है जो हम मातृभूमि के तर्पण के लिए कर रहे हैं।

मेरे दूसरे सत्याग्रही भाइयों को भी इस बात की काफ़ी चिन्ता थी कि मैं जेल के कोने में अकेली पड़ी हुई हूँ। मैंने सुना कि पं. प्यारेलाल शर्मा, क़ाज़ी नज़ीमुद्दीन और विशेषकर मौलाना अबुल कलाम आज़ाद ने, जब वे मेरठ जेल आ गये तो इस बात के लिए प्रयत्न किया कि मुझे कभी-कभी अपने सत्याग्रही क़ैदी भाइयों से मिलने की आज्ञा हो जाये। परन्तु जेल के अधिकारियों ने इसे किसी प्रकार स्वीकार नहीं किया। तीन मास तक–जब तक कि दूसरी सत्याग्रही बहनें जेल में न आयीं–मैंने एकान्त जीवन व्यतीत किया। उन दिनों में मुझे पता चला कि मनुष्य एक सामाजिक प्राणी है। जिस प्रकार उसे रोटी, पानी और हवा की ज़रूरत है, उसी प्रकार अपने साथियों की। उन दिनों में एकान्त जीवन से मुझे कितना ही कष्ट क्यों न हुआ हो, पर आज मैं अनुभव करती हूँ कि एकान्तवास से अपनी विचारधारा में जो उत्तेजना मुझे प्राप्त हुई, वह उस कष्ट के बदले पर्याप्त पारितोषिक था।

मैंने इस परिच्छेद के प्रारम्भ में लिखा है कि मेरी जेल की साथिनों का जीवन किस प्रकार का था। इन लोगों का जीवन कितना घृणास्पद हो जाता है, इसकी कल्पना करने और देखने में बहुत भेद है।

मेरे साथ केवल तीन ही स्त्रियाँ शुरू में थीं जिनमें फ़तेहगढ़ में सज़ा काटकर आयी हुई शीघ्र छूट गयी। बाक़ी रहीं दो; उनमें से एक का शीघ्र ही बच्चा होने वाला था इसलिए उसे काम न करना पड़ता था। दूसरी स्त्री का काम वार्ड में झाड़ू लगाना और मेरे बर्तन आदि धोना था। पर एक समय ऐसा आया जब एक साथ जेल में पन्द्रह स्त्रियाँ हो गयीं। सभी विचाराधीन अभियुक्त[1] (under trial) थीं। ऐसे क़ैदियों के लिए कोई काम देने की आज्ञा नहीं है। अतः उन स्त्रियों में बहुत युद्ध होता था। केवल एक स्त्री झाड़ू लगाने को थी, वह जब झाड़ू लगाती

1. विचाराधीन अभियुक्त अर्थात् जिन पर मुक़दमा चल रहा था पर जिन्हें सज़ा न मिली थी।

तो तमाम दूसरी क़ैदिनों को गालियाँ देती थी। कभी-कभी तो इसी लड़ाई में साँझ हो जाती थी। जब कभी सुलह रहती तो सभी स्त्रियाँ मिल-मिलाकर प्रातः ही झाड़ू आदि लगाकर ख़ाली हो जातीं। चने बँटने का समय आ जाता। यह भी एक पूरी लड़ाई का सामान था। चने केवल उन्हीं को बँटते हैं जिन्हें सजा मिल चुकी हो, बाँटने वाले भी तमाशा देखते थे; किसी एक अंडर ट्रायल को जरा से दे दिये—बस वहीं सबका मुँह सूज गया; ताने शुरू हुए, "चने बाँटने वालों की आँखों में जो जँच जावे" इत्यादि! उन लोगों में विवेक-शक्ति होती ही नहीं या जेल में पहुँचते ही लोप हो जाती है। संख्या अधिक हो जाने पर प्रायः उन लोगों का निम्न प्रोग्राम रहने लगा। प्रातः बैरक खुलने पर उठतीं और शौचादि से निवृत्त होकर कुछ क़ैदिनें तो मिल-मिलाकर झाड़ू लगातीं, शेष ख़ाली एक ओर बैठकर बातें करतीं। अधिक लड़ाई-फिसाद होने के भय से रोज़ परेड लगायी जाने लगी। जिसका मतलब यह था कि उन सबको एक क़तार में बैठा दिया जाता था और वहीं बैठकर तरह-तरह की बातें होतीं। चने मिल जाने पर अगर आपस में सब बाँट लेतीं तो शान्ति से बातें होती रहती थीं। कभी-कभी उन्हें अपने घरों की याद आ जाती—तो बड़े करुणाजनक शब्दों में अपनी कहानी रोते-रोते सुनाने लगतीं। एक के बाद एक सभी अपनी-अपनी कथा सुनातीं। उस समय मेरा ध्यान भी सुनने में लग जाता था। मुझे एक दिन अपनी ओर आकर्षित देखकर उनमें से एक बोल उठी—

"क्या इन्हें जेल आने का दुख नहीं है?"

दूसरी—"वाह! दुख कैसे नहीं होगा? जल्दबाज़ी करके आ तो गयीं, पर अब क्या करें?"

पहली, "हाँ, तभी तो जब देखो अलग पड़ी रहती हैं, किसी से बात तक तो करती नहीं।"

इतना कहकर वह स्त्री बड़े मैत्री भरे भाव से मेरी ओर देखने लगी। इस पर उनमें से एक फिर कहने लगी—

"बहन, तुमने क्या लेना था, अच्छा ही काम था तो मर्द करते रहते; देखो, दुनिया तो तमाशा देखा करती है, इतने दिन तुम्हें आये हो गये कोई दूसरी आयी भी?"

मैं इन्हें क्या समझाती!

चने बाँटने के बाद रोज़ इसी तरह बातें हुआ करतीं। जब दस बज जाते कोई स्त्री नहाने जाती नहीं तो वही गप्पबाज़ी जारी रहती, वही चुगल और ईर्ष्या-द्वेष से भरी बातें। कभी हँसतीं और कभी रोतीं, फिर खाना बँट जाता और लेडी वार्डर हम लोगों को ताले में बन्द करके खाना खाने के लिए चली जाती। यह समय जेल के रोटी पकाने वालों और जेल वालों को कोसने का हुआ करता था; रोटियाँ

कच्ची हैं; दाल गली नहीं; तेल कच्चा डाल दिया है, मिर्च बहुत है। इसी तरह की बीसों बातें कही जातीं। दो बजे तक लेडी वार्डर बाहर रहती थी, तब तक सोना और खाना समाप्त हो जाता था। जमादारिन सीधी बैरक में चली आती। वह किसी से सिर दबवाती, किसी से पाँव। जो-जो इस सेवा में भाग लेती, उनसे जमादारिन का सुलूक अच्छा रहता था। बीच-बीच में गाना भी होने लगता था और लेडी वार्डर के कहने से नाचना भी। इसी तरह पाँच बज जाते। वार्ड खुलता तो सफ़ाई के लिए भंगी भीतर आता। प्रायः उसी के साथ रोटी बाँटने वाले भी आ जाया करते थे। पहले तो रोटी बाँटने के बाद ही वार्डर बैरक बन्द कर जाते थे, पर जब से मैंने एतराज किया तो वार्ड रात को आठ और कभी नौ बजे तक खुला रहने लगा। इससे इन स्त्रियों को भी शाम को खुले आँगन में बैठने का मौक़ा मिलने लगा। खाना लेकर वह सब एक जगह बैठ जातीं और वार्ड बन्द होने तक वहीं बैठी बातें करती रहती थीं।

प्रायः लेडी वार्डर का पेट भी उन्हीं अभागिनी क़ैदिनों की रोटियों से भर जाता था। जो स्त्री उसे अपनी रोटियों में से एक-दो नहीं दे देती थी, उसको लेडी वार्डर की कुदृष्टि का शिकार होना पड़ता था। भोजन के बाद में वार्ड बन्द हो जाता और रात को पुनः कभी लड़ना और कभी गाना होता। कभी-कभी वे एक-दूसरे को कहानियाँ भी सुनाती थीं। एक रात एक क़ैदिन भूतों की कहानी कहने लगी। सुनाने वालियों में से एक ने कहा—

"जमादारिन कहती है कि इस वार्ड में जिन पीर जी की कबर है, वह पीर जी सोमवार और शुक्रवार के दिन नज़र आया करते हैं।"

पहली क़ैदिन, "हाँ, सच तो है। पीर जी बिल्ली की सवारी करते हैं। अगर जुमा या पीर की रात को बारह बजे कोई उठकर कबर की ओर देखे तो मालूम हो जावे। उस वक़्त वह कबर पर नमाज़ पढ़ते हैं। उनकी सवारी इधर-उधर घूमा करती है, तब जो चाहो मुराद माँग लो, पूरी हो जावेगी।"

मैंने कहा, "यह कैसे हो सकता है?"

क़ैदिन, "मैं दिखा दूँगी? जमादारिन से पूछ लेना।"

बात दूसरे दिन पर टल गयी। जब दूसरे दिन जमादारिन आयी, तो मैंने पूछा, "क्या यहाँ कोई पीर जी भी आया करते हैं?"

जमादारिन, "हाँ, हमने तो अपनी आँखों देखे हैं। एक क़ैदिन ने, जिस पर ख़ून का मुक़दमा था, दिन में ही उन्हें नमाज़ पढ़ते देखा था। वह रोज़ कबर पर दूध चढ़ाने लगी तो पीर जी की उस पर ऐसी मेहरबानी हुई कि वह क़ैदिन साफ़ छूट गयी।"

वह बात तो वहीं समाप्त हो गयी पर कुछ दिन बाद मैं एक शुक्र की रात को अपनी बैरक में पड़ी सो रही थी। सहसा एक क़ैदिन ने काँपती हुई आवाज़ में मुझे ज़ोर से पुकारा, "बीबी! बीबी!!"

मैंने आधी नींद में पूछा, "क्या है?"

क़ैदिन, "तुम्हारे सिर पर पीर जी की सवारी...."

मैं अचानक ऐसा सुनते ही काँपकर उठ बैठी, मैंने देखा मेरे तकिये के पास से एक मोटी-सी बिल्ली निकल गयी। मैं चुपचाप बैठी रही, उस क़ैदिन ने फिर कहा–

"बीबी, पीर जी तुम पर खुश हैं। जो चाहो माँग लो।"

मैं तो चुप रही पर उस क़ैदिन ने स्वयं ही माँगना शुरू कर दिया। वह क़ैदिन मुसलमान थी। वह प्रार्थना करने लगी–

"ऐ परवर्दिगार के दूत! मुझे बख़्श। मेरे दीन भाइयों और बहनों को इन जालिम जेल वालों के फन्दे से छुड़ा।" उस वक़्त उसने नमाज़ पढ़ी और जाने क्या-क्या किया। मैं वैसी ही बैठी रही, धीरे-धीरे सब मामला समझ में आने लगा। मैंने लेटते-लेटते कहा–

"कुछ भी तो बात नहीं थी, यूँ ही एक बिल्ली लाँघ गयी है।"

ज्यों-ज्यों दिन बीतने लगे, मेरा अनुभव मुझसे बलात् कहलवाने लगा कि किसी भी व्यक्ति का, चाहे उसने कितना ही भयंकर अपराध किया हो, हिन्दुस्तान के इन जेलों में नहीं भेजना चाहिए। कई बार यह भी ख़याल आता कि ऐसे लोगों के सुधार का क्या उपाय रहेगा। मैं सोचती कि ऐसे शिक्षणालय या कारख़ाने होने चाहिए, जहाँ अच्छे-अच्छे सभ्य लोग आकर काम सिखायें, पढ़ायें और सदाचार की शिक्षा दें। मैं बैठे-बैठे उत्तम विद्यालयों और कारख़ानों की कल्पना करने लगती। बड़ा सुन्दर मानसिक चित्र बनाने लगती। कल्पना के चित्र में मुझे नज़र आता कि एक बड़ा विशाल भवन है, जेल ही की तरह उसकी ऊँची-ऊँची दीवारें हैं पर भीतर से वैसा मैला और गन्दा नहीं। स्वच्छ और रमणीय स्थान है। वहीं अलग-अलग विभाग बने हैं, जहाँ तरह-तरह के काम सिखाने का इन्तज़ाम है, वहाँ क़ैदी साफ़ कपड़े पहनकर रहते हैं। ऐसी ही लम्बी-लम्बी कल्पनाओं के प्रवाह में बहकर मैं अपना समय बिताया करती पर जब सहसा यह विचार आता कि हम पराधीन हैं, गुलाम हैं, हमारे हाथ में कुछ भी नहीं तो सारा खेल, सारी कल्पना मेरे अन्तस्थल में ही लीन हो जाती।

# संजीवनी सुधा

जेल की प्रत्येक बैरक, यहाँ तक लुहारखाना और कुम्हारखाना तक राजनीतिक क़ैदियों से ठसाठस भर चुके थे। राजनीतिक क़ैदियों के जेल के कोने-कोने में फैल जाने से, जेल एक तपोवन-सा बन गया था। प्रातःकाल की शीतल सुगन्धित वायु के साथ ही चारों ओर से राष्ट्रीय गान सुनायी देने लगता था। सभी अपने-अपने वार्डों में एकचित्त होकर मातृ-वन्दना के साथ अपने झण्ड़े के लिए नित्य नये उत्साह से प्रतिज्ञायें किया करते थे। आहा, वहाँ वह राग कितना प्यारा लगता था। इस गीत की आवाज़ कान में पड़ते ही जेल का सारा दुख न जाने कहाँ चला जाता था। जेल के सारे कष्टों में यह राष्ट्रीय गान मेरे लिए संजीवनी सुधा का काम करता था। उसकी तान पर हृदय-तन्त्री के तार बज उठते थे और सोती हुई भावनायें जाग जाती थीं। गीत उसी तरह चलता जाता था। मैं 'फीमेल-वार्ड' की संकुचित-सी चारदीवारी में बन्द रहती और दीवार के बाहर चारों ओर से राष्ट्र सैनिकों द्वारा गाया जा रहा राष्ट्रीय गीत अस्पष्ट, धीमे परन्तु अत्यन्त मधुर रूप में मेरे कानों में पड़ता था। उस स्वर्गीय गान की एक-एक कड़ी के साथ मेरा दिल नाचने लगता। उस समय ऐसा जान पड़ता, जैसे स्वर्ग के देवता मधुर स्वर में मेरी मातृभूमि के राष्ट्रीय झगड़े की स्तुति कर रहे हैं। मैं तन्मय होकर सुनती, न जाने कौन-कौन मिलकर गा रहे होते थे–

विजयी विश्व तिरंगा प्यारा,
झण्डा ऊँचा रहे हमारा।
सदा शक्ति बरसाने वाला,
प्रेम सुधा सरसाने वाला।
वीरों को हर्षाने वाला,
मातृभूमि का तन-मन सारा।
इसकी शान न जाने पावे,
चाहे जान भले ही जावे।

विश्व विजय करके दिखलावे,
तब होवे प्रण पूर्ण हमारा।
इस झण्डे के नीचे निर्भय,
लें स्वराज यह अविचल निश्चय।
बोलो भारतमाता की जय,
स्वतन्त्रता हो ध्येय हमारा।
प्यारा भारत देश हमारा ॥विजयी...॥

कोई अस्पृश्य शक्ति मातृभूमि के झण्डे के सम्मान रक्षा के लिए मानो बलात् मुझे प्रेरित करती थी। उसी समय गाने वाले अदृश्य देव, गीत की अगली कड़ियाँ गाने लगते थे—

आओ प्यारे वीरो आओ,
देश जाति पर बलि-बलि जाओ।
एक साथ सब मिलकर गाओ॥

इस गान में सचमुच विचित्र उत्तेजक शक्ति छिपी है! इसे सुनते ही हृदय दुगना हो जाता था और मैं बार-बार उसी मस्ती में गुनगुनाने लगती थी—

"प्यारा भारत देश हमारा,
झण्डा ऊँचा रहे हमारा।"

बस ये कड़ियाँ गुनगुनाते ही हृदय पर आनन्द का नशा-सा छा जाता था। मेरा तो जब हृदय अशान्त हो जाता और जब जेल का एकान्त जीवन असह्य हो उठता, तभी यह राग, यह मधुर शक्तिदायिनी सुधा, मेरी उदासी दूर कर मुझे उत्साहित कर देती थी। बैरक में बैठे हुए जब कभी यह राग सुनायी देता था तो सहसा, बिना इच्छा किये, मैं एक जोश और मस्ती में बैरक से बाहर निकल आती। मुझे कोई प्रबल इच्छा पागल बना देती, जी चाहता कि मैं भी ऊँची आवाज़ में इसी तरह गाऊँ पर मैं तो अकेली थी। समझ नहीं आता था कि मैं अपनी यह साध कैसे पूरी करूँ।

गाना प्रातः और सायं दोनों समय होता था। अभी एक वार्ड से गाने की आवाज़ आ ही रही होती थी कि दूसरे वार्ड वाले भी गाना शुरू कर देते थे। तब सारे जेल में एक ही गीत सुनायी देने लगता था—

"झण्डा ऊँचा रहे हमारा!"

अन्त में अनन्त शान्ति और शक्तिदायक जयघोष होते थे—

'भारतमाता की जय हो।'
'तिरंगे झण्डे की जय हो।'

इसके बाद वन्देमातरम् के ऊँचे जयघोष से नौकरशाही का वह कठोर दुर्ग मानो काँप उठता था।

मेरे लिए जेल के सारे कष्टों और मुसीबतों के होते हुए भी यदि कोई आनन्द था तो यही। कोई दिन ख़ाली न जाता था, जिस दिन कोई कार्यकर्ता या दस-पाँच भारतमाता के मतवाले पुत्र इस तपोमय भूमि में स्वतन्त्रता देवी की उपासना करने न आते हों। आने और जाने वाले दोनों ही को स्वागत और विदाई इसी जयघोष के साथ मिला करती थी। दोपहर के ग्यारह बजे से दो बजे तक प्रायः इस जयघोष से विदाई की सूचना और उसके बाद शाम तक इससे प्रायः आने वालों के स्वागत की सूचना मिला करती थी। जब तक मेरा कोई साथी नहीं था, तब तक मुझे केवल इस राष्ट्रीय गान को सुनकर ही सन्तोष करना पड़ता था; पर उसके बाद जब और बहनें आ गयीं तो फिर प्रातः और सायं हमारे वार्ड में भी यही पवित्र पाठ होने लगा और हमारे साथ की साधारण क़ैदी स्त्रियाँ भी इसमें सहयोग देने लगीं।

# ख़ून के आँसू

आह, वह दिन क्या कभी मुझे इस जीवन में भूल सकता है। जब अपनी माँ की गोद में लाड़-प्यार से पले बच्चों को तीस-तीस बेंतों की मार खानी पड़ी थी! मेरे जीवन की स्मृतियों की पुस्तक में वह एक लाख रक्तरंजित पृष्ठ हैं! उन नवयुवकों के कोमल सुकुमार शरीर जानते भी न थे कि बेंत की चोट क्या होती है। वे अपने किसी पाप से नहीं, बल्कि मातृभूमि को प्यार करने के अपराध के कारण जेल में डाले गये थे। उफ़! आज भी मेरा दिल उसकी याद से काँप उठता है। मुझे ऐसा अनुभव होता है, जैसे अब भी 19 दिन से भूख हड़ताल किये हुए होने पर भी शान्तिशरण को अभी-अभी बेंतों की सजा दी गयी है और उसके कराहने की आवाज़ कानों में गूँज रही है।

29 अगस्त के प्रातः आठ बजे का समय था। सुपरिंटेंडेंट साहब अपनी मेज़ पर बैठे क़ैदियों का मुलाहिज़ा कर रहे थे, तभी जमादार अशरफ़ अली ने कुछ क़ैदियों के नाम पेश कर दिये। साहब ने पूछा–

"क्यों, क्या बात है?"

जमादार, "साहब, रात गिनती नहीं होने दी; बहुत तंग करते हैं।"

साहब, "अच्छा सबको पेश करो।"

अरे यह क्या? एक बार ही ऊधम सा मच गया। 'भारतमाता की जय' के नाद के साथ-ही-साथ चीख़ने और चिल्लाने की आवाज़ें आने लगीं। मैं चौंक उठी–आज यह नयी बात क्या है? मैं दरवाज़े पर खड़ी हुई देखने लगी, पर सिवाय शोर के कुछ सुनायी न दिया। अचानक जेल के खतरे का घण्टा बजने लगा। क़ैदी शीघ्रता से बैरकों में ठूँसे जाने लगे और शीघ्र ही हुल्लड़ भी शान्त हो गया। जेल में सन्नाटा छा गया। अचानक चीख़ने की आवाज़ें आने लगीं और चीख़ने से भी ज़्यादा ज़ोर से बेंतों के मारने की सड़सड़ाहट सुनायी देने लगी। किसी ने कहा–राजनीतिक क़ैदियों पर बेंतों की मार पड़ रही है। दिन के बारह बजे थे। ऊपर से धूप आग की तरह बरस रही थी और नीचे तपी हुई पृथ्वी पर

सिपाही स्वयंसेवकों के नंगे बदन पर बेंतों की बौछार करने लगे। ख़ून की धारायें बह निकलीं। मारते-मारते सिपाहियों के बेंत टूटने लगे।

हाय पीड़ा को भी दया आ गयी, अपनी मोहनी डाल उसने मार खाने वाले क़ैदियों को एक-एक करके बेसुध कर दिया। प्रकृति ने आँखें बन्द कर लीं। पक्षी यह दृश्य न देख सकने के कारण पास के पेड़ों से उड़कर दूर चले गये। तब भी बेंतों की और जोर-ज़ोर की गिनती करने की आवाज़ जारी थी। उस दृश्य का वर्णन करना मेरी लेखनी की शक्ति के बाहर है। पर वर्णन करने की अपेक्षा सहज ही में उसकी कल्पना की जा सकती है। मैंने तो अपने जीवन में वैसा दृश्य कभी देखा ही न था। मैं दौड़कर फीमेल वार्ड के सींकचों के पास जा खड़ी हुई। मेरे हाथों में ताक़त न थी कि उन सींकचों को तोड़ सकूँ। एक साथ ही क्रोध, करुणा और ग्लानि के आवेश में मैं काँप उठी। मैं असहाय थी, क्या करती? मेरे मुँह से चीख़ें निकल उठीं—हे भगवान! तुम कहाँ हो! उस समय मुझे पता चला कि 'ख़ून के आँसू' किसे कहते हैं। मैं पाषाण के समान स्तब्ध—वहाँ खड़ी हुई थी। इतने में वीर मुख्तारसिंह की बारी आयी। वार्डर ने उसके कपड़े उतार दिये। साहब ने देखा, "ओह, यह तो वही मुख्तारसिंह हैं," लाइन इंस्पेक्टर ने पहचाना, "हाँ वही जो पुलिस की नौकरी छोड़कर कांग्रेस में मिल गया है।" वीर मुख्तारसिंह तीस बेंतों के बाद भी होश में था, भारतमाता का पवित्र और शान्तिदायक नाम उस समय भी उसकी जिह्वा पर था।

बेंतों की इतनी क्रूर मार के बाद जब लाशों की तरह वे सब वीर फाँसीघर के सामने धूप में पटक दिये गये, तभी दो बजे खाना बँटने के लिए द्वार खुला। पीटे गये अधमरे भाइयों ने अपनी बहन को देखने के लिए प्रार्थना की। द्वार जरा-सा खोल दिया गया। मैंने बाहर झाँका—सभी ख़ून में लथपथ थे, कोई होश में और कोई बेहोश। नंगी ज़मीन पर वे तेरह वीर पड़े हुए थे। श्री शान्तिशरण के पाँव में तब भी बेड़ी थी, उन्होंने हाथ जोड़कर लेटे-लेटे ही कहा—

"बहन जी! आज आपके भाई बुरी तरह से पीटे गये हैं।"

मेरे पास कोई शब्द न था, मैं शान्ति से क्या कहती! आह, मैंने स्वयं भी तो इसी पत्थर के कलेजे से उनका आर्तनाद सुना था।

मैंने कहा, "मुझे परमात्मा पर विश्वास है। इस घटना का न्याय वही करेगा। बेगुनाहों का ख़ून कभी ख़ाली नहीं जाता!"

बाद में मुझे अशरफ़ अली ने सारी घटना इस प्रकार सुनायी—

"रात का समय था, हम गिनती करने गये तो इन लोगों ने गिनती नहीं होने दी। सुबह जब पेशी पर ले जाने लगे तो सारे बैरक के लोग चलने लगे। हमने

रोका पर वे माने नहीं। इन्होंने दरवाज़े तोड़ डाले, तब साहब ने खतरे का घण्टा बजवा दिया। कलेक्टर साहब ने खुद मौक़ा देखकर उन्हें सजा दी है।"

नायब जेलर ने कहा, "फ़ाटक के अस्सी डण्डे तोड़ डाले गये। तनहाई की कोठरियाँ भी तोड़ दीं।"

पर वास्तव में बात क्या थी? रोज़ शाम को जब क़ैदी लोग बैरक से बाहर प्रार्थना करने के लिए क़तार बनाकर खड़े हो जाते थे, तभी उनकी गिनती करके बैरकों में भेज दिया जाता था पर उस दिन (28 अगस्त को) उस समय गिनती नहीं ली गयी, उसके बाद जब रात को सात और आठ के बीच में गिनती करने वार्डर पहुँचे और उन्होंने दिन के काम से थके हुए क़ैदियों को बाहर आकर क़तार में खड़े होने को कहा तो क़ैदियों ने भीतर आकर गिनती कर लेने की प्रार्थना की। वार्डर नहीं माने क़ैदी बाहर निकलने को तैयार नहीं हुए; तब उन्हें हाथ और पाँव से खींचकर बाहर ले जाने का यत्न किया गया। जब इसमें भी सफलता नहीं मिली, तब जैसे-तैसे गिनती कर, कुछ एक के नाम नोट करके वार्डर चले गये। क़ैदियों में सबको विश्वास हो गया कि सुबह हथकड़ी, बेड़ी, तनहाई और चक्की आदि का दण्ड मिलेगा। अगले दिन प्रातःकाल जब पेशी के लिए कुछ छाँटे हुए सत्याग्रहियों को पुकारा गया, तो सबने एक साथ बाहर जाने की ज़िद की और सब बाहर निकलकर खड़े हो गये। ऐसी दशा में वार्डरों ने उन्हें भीतर बैरकों में बन्द करने का प्रयत्न किया। वे उन्हें धक्के दे-देकर खींच-खींचकर भीतर ले जाने लगे। साथ ही कई एक क़ैदियों को एक महीना पहले छोड़ देने का लोभ दिया गया, जिससे वह उन क़ैदियों को भीतर डालने में मदद दें, पर परिणाम यह हुआ कि दूसरी बैरकों के क़ैदी भी भाग-भागकर बाहर आने लगे। इससे चोर, डाकू आदि अन्य क़ैदियों ने यह समझा कि यह समय जेल तोड़कर भागने का अच्छा है, इसलिए उन्होंने भी इस गड़बड़ी में भाग लेना शुरू किया। कहा गया था कि सत्याग्रही क़ैदियों ने अस्सी लोहे के सींकचों के डण्डे तोड़ डाले। यह तो बहुत अत्युक्ति थी, पर कुछ अवश्य टूटे थे। परन्तु जिसने मेरठ जेल की 'सी' क्लास की बैरकें देखी हैं, वह कह सकता है कि वह कितनी कच्ची हैं। इतनी गड़बड़ में इतना शीघ्र निश्चय करना कितना कठिन है कि छड़ें तोड़ने में किसने हिस्सा लिया और किसने नहीं। यह भी याद रखना चाहिए कि राजनीतिक व दूसरे क़ैदी मिलाकर रखे जाते थे और यह कहना कठिन है कि राजनीतिक क़ैदियों ने ही छड़ें तोड़ीं। ख़ासकर शान्तिशरण ने जो 19 दिन से भूखे तनहाइयों की कोठरी में बेड़ी पहने पड़े थे, किस तरह छड़ें तोड़ी होगी और 16 साल के दुबले-पतले बनर्जी ने छड़ें तोड़ दी हों, मुझे यह असम्भव प्रतीत होता है। फिर इतने लोगों में

तेरह क़ैदी और वह भी सारे राजनीतिक किस तरह तीस-तीस बेंतों के लिए छाँट लिए गये। इसके अन्दर क्या भेद है, यह कलेक्टर साहब को ही मालूम होगा।

इस घटना के सम्बन्ध में इतना कह देना अनुचित न होगा कि मेरठ के कलेक्टर मि. पैडले घटनास्थल पर पहुँच गये थे और उन्होंने तीस बेंतों की सजा का दण्ड दिया था तथा इंस्पेक्टर जनरल ऑफ़ प्रिजन्स भी, जो जेल का निरीक्षण करने इन दिनों आये हुए थे, इस अवसर पर जेल के अन्दर विद्यमान थे। परन्तु बेंतों की मार का निरीक्षण भार शायद ज्वाइण्ट मजिस्ट्रेड मि. कोगिल पर था जिनकी उपस्थिति में 13 सत्याग्रहियों पर तीस-तीस बेंतों की मार पड़ी।

जेल-मैनुएल में दिये नियमों के अनुसार जिसके बेंत लगाने हों, उसकी शारीरिक अवस्था की डॉक्टरी परीक्षा होनी आवश्यक होती है कि वह बेंत लगाने योग्य है भी या नहीं। जैसा ऊपर आ चुका है कि इस घटना से पहले शान्तिशरण ने 19 दिन का उपवास किया था और वे तनहाई की कोठरी में बन्द थे और केवल दो दिन पूर्व उपवास तोड़ा था। ऐसी हालत में अन्दाज़ा लगाया जा सकता है कि श्री शान्तिशरण की क्या दशा हुई होगी, जब उन्हें तीस बेंतों की कठोर सजा दी गयी।

इस प्रसंग में यह भी उचित होगा कि यदि मैं उन सत्याग्रही वीरों के नाम यहाँ अंकित कर दूँ, जिन्हें तीस बेंतों की अमानुषिक सजा दी गयी थी–

(1) श्री शान्तिशरण, (2) श्री मनोहरलाल, (3) श्री मुकुन्दलाल, (4) श्री मेघराज, (5) श्री बिहारीलाल, (6) श्री श्यामसिंह, (7) श्री हरवंश, (8) श्री मुख्तारसिंह, (9) श्री राजकुमार, (10) श्री भागीरथ, (11) श्री शिताबराय, (12) श्री सूरजभान, (13) श्री बी.एन. बनर्जी।

इस घटना के बाद भी जेल में आतंक छाया हुआ था। ऐसा यत्न किया जा रहा था कि जेल की मक्खी भी उड़कर शहर की ओर न चली जावे, जिससे लोगों को इस घटना का पता चल सके।

स्वभावतः इस घटना के बाद मुझे अपने मुलाक़ात के दिन की बड़ी प्रबल प्रतीक्षा हो रही थी। अन्ततः वह दिन आया, जिस दिन मेरी मुलाक़ात हुआ करती थी। यह दिन किसी भी क़ैदी के लिए पर्व के दिन से कुछ कम न होता था। मुलाक़ात प्रायः शाम को तीन-चार बजे के बीच में होती थी, पर हम लोग इसकी तैयारी प्रातः से ही करने लग जाती थीं। दिल में यह विचार आता–आज यह पूछना है; वह चीज़ लाने को कहना है, कौन-कौन मिलने आवेगा। मुझे याद है कि मैं हर बार प्रतीक्षा करती थी कि आज अमुक-अमुक बहन मुझसे मिलने

आवेंगी। प्रतीक्षा का वक़्त यों ही बहुत लम्बा मालूम हुआ करता है, परन्तु उस दिन एक के बाद एक करके पाँच बज गये पर कोई यह कहने नहीं आया, 'चलो मिलने आये हैं।' उफ़! मेरी तबियत भारी होने लगी, क्या वजह है! कहीं बीमार तो नहीं! आह, आज ठीक पन्द्रह दिन के बाद मिलने का समय आया और उसमें भी... मैं कभी बैरक में आती और कभी उठकर द्वार की ओर देखने लगती। सहसा द्वार खटखटाया गया। मेरा दिल धड़कने लगा। ज़रूर मेरी बुलाहट है। अपनी घबराहट छिपाने के लिए मैं बैरक में आकर, व्यर्थ ही एक पुस्तक खोलकर देखने लगी। मैंने देखा द्वार खुला और साथ ही वार्डर तथा एक क़ैदी खाने का कच्चा सामान रोज़ की तरह लेकर भीतर आया। मैं प्रतीक्षा करने लगी कि अभी वार्डर मुझसे कहेगा—'चलिये' पर नहीं, वार्डर ने केवल यही कहा—

"खाने का सामान ले लो।" मैं नहीं कह सकती कि कितने यत्न से अपने को सँभालकर मैंने वार्डर से कहा, "मैं सामान अभी नहीं लूँगी।"

वार्डर, "क्यों?"

मैंने पूछा, "आज अभी तक मुलाक़ात नहीं हुई, क्या बात है?"

वार्डर, "आज आपकी मुलाक़ात नहीं होगी।"

मैं, "क्यों?"

वार्डर, "मुझे मालूम नहीं।"

मैं, "पहले मुझे इसकी वजह बतला दी जावे?"

वार्डर, "साहब ने मुलाक़ात बन्द करवा दी है, आप किसी से कहिए नहीं?"

मैं, "अच्छा तुम जेलर से कह दो, जब तक मुझे मेरी मुलाक़ात बन्द करवाने की वजह न बतायी जावेगी, तब तक मैं खाना नहीं लूँगी।"

वार्डर चला गया। मुझे ऐसा प्रतीत हुआ, जैसे धरती घूम रही है। मैं बैठ गयी। इधर जेलर या सुपरिंटेंडेंट दो-चार दिन से मेरे वार्ड में नहीं आये थे और न ही मुझे कोई ऐसी बात ही समझ में आती थी, जिससे मेरी मुलाक़ात रोकी जा सके।

जब तक मैं कुछ सोचूँ, द्वार फिर खुला और एक क्लर्क के साथ वही खाने का सामान फिर से वार्ड में आता दिखायी दिया। क्लर्क ने उसी वार्डर वाली बात को दुहराते हुए कहा—

"आप खाना ले लें।"

मैं, "पहले मेरे प्रश्न का उत्तर मिलना चाहिए।"

क्लर्क, "जेलर साहब कहते हैं कि आज आपका कोई रिश्तेदार मिलने नहीं आया।"

मुझे पता लग चुका था कि सुपरिंटेंडेंट की आज्ञा से ऐसा हो रहा है। मैंने

कहा, "आप गलत कहते हैं। आप लोगों ने मुलाक़ात बन्द की होगी; मुझे ऐसा ख़याल है; इसीलिए मैं वजह जानना चाहती हूँ।"

क्लर्क भी वार्डर की तरह सामान लेकर लौट गया। मैंने सोचा कि अब मुझे न प्रश्न का उत्तर मिलेगा और न भोजन ही। और अगर कुछ होगा तो यही कि मेरी सुपरिंटेंडेंट के पास पेशी होगी। पर ऐसा नहीं हुआ। कोई सात बजे के क़रीब नायब जेलर साहब उसी आटे की पोटली को उठवाकर अन्दर आते हुए नज़र आये। उन्होंने आते ही खाना लेने के लिए समझाना शुरू किया; पर मेरे प्रश्न का उत्तर फिर भी नदारद था। हर बार यही उत्तर मिलता कि कोई मिलने नहीं आया। मुझे क्रोध आ गया और मैंने आवेश में कहा, "जेलर साहब, आप लोगों में से किसी को बिना इसका जवाब लिए आने की ज़रूरत नहीं। मैं खाना नहीं लूँगी।" नायब जेलर चला गया।

रात के नौ बज गये; मेरे प्रश्न का उत्तर नदारद था और इसी वजह से मैंने खाने का सामान भी न लिया। बैरक बन्द होने लगी। मैं भीतर आकर खाट पर बैठ गयी, इतने में वही क्लर्क आया और कहने लगा, "आपकी मुलाक़ात साहब ने तीन दिन के लिए रोक दी है, केवल आपकी ही नहीं, सारे 'ए' और 'बी' क्लास के राजनीतिक क़ैदियों की और मेरठ कॉन्स्पिरेंसी केस वालों की मुलाक़ात भी रोक दी गयी है। मेरा ख़याल है कि अब आपको इससे सन्तोष हो जाना चाहिए। आप अब खाना खा लें।" और इतना कहकर बैरक बन्द कर दी गयी। खाने को तो कह दिया पर खाने का सामान देना वे भूल ही गये।

चार दिन के बाद फिर हमारी मुलाक़ात का दिन नियत किया गया। नायब जेलर के सामने बैठी मैं अपने सम्बन्धियों से बातें कर रही थी, बातों-बातों में ही प्रोफ़ेसर जी ने मुझसे पूछा, "बर्फ़ आता है या नहीं?"

मैंने कहा, "नहीं, शायद मेरठ कॉन्स्पिरेंसी वालों का बन्द हो जाने से मेरा बर्फ़ भी बन्द हो गया है क्योंकि शायद ठेकेदार आध सेर बर्फ़ नहीं लाता होगा।"

सहसा नायब जेलर ने मुझे रोकते हुए कहा, "मिसेज शास्त्री, आप यह बात नहीं कर सकतीं, यह जेल की शिकायत है।"

मैं चुप हो गयी, दूसरी बातें होने लगीं। मैंने कहा, "मेरी आँखों में रोहे पड़ गये हैं; आजकल लिखना-पढ़ना भी नहीं हो सकता।"

तब फिर प्रोफ़ेसर जी पूछ बैठे, "कैसे हो गये?"

मैंने कहा, "पता नहीं, शायद धूप की गर्मी से। यों तो मैं दिन भर ही बैरक में रहती हूँ; पर उस दिन जब लड़कों को बेंत लगे, तो बारह बजे से दो बजे तक मैं भी द्वार के पास खड़ी रही थी शायद..."

प्रोफ़ेसर जी ने उत्सुकता से पूछा, "क्या तुमने शान्तिशरण को देखा है? सुना है, उनकी दशा बहुत ख़राब है।"

नायब जेलर ने फिर कहा, "आप यह बात नहीं कर सकते।"

प्रोफ़ेसर जी ने पूछा, "तो कौन-सी बातें कर सकते हैं? हर बात पर आप टोक देते हैं। आप मुझे एक काग़ज़ पर लिख दें तो मैं ख़ुद मि. पैडले (कलेक्टर) से पूछ लूँगा, मुझे अपनी पत्नी से कौन-कौन-सी बातें करने की इजाज़त है।"

नायब जेलर ने कहा, "जो कुछ भी हो आप यहाँ पर पॉलिटिकल (राजनीतिक) बातें नहीं कर सकते।"

प्रोफ़ेसर जी, "मैंने जेल-मैनुएल अच्छी तरह पढ़ा है, उसमें ऐसी कोई पाबन्दी नहीं है कि राजनीतिक बातें नहीं की जा सकतीं।"

नायब जेलर, "मैं जेल-मैनुएल नहीं जानता पर इस प्रकार की बातें आप नहीं कर सकते।"

सचमुच जेल-मैनुएल में ऐसी कोई रोक मुलाक़ात के नियमों में नहीं दे रखी थी कि राजनीतिक बातें न की जावें, परन्तु कुछ दिन बाद सरकारी आर्डर आ गया और जेल-मैनुएल में एक नयी बात जोड़ दी गयी कि क़ैदियों के साथ राजनीतिक बातें मुलाक़ात के समय नहीं की जा सकतीं। इसी झंझट में उस दिन हमारी मुलाक़ात के बीस मिनट भी बहुत जल्दी समाप्त हो गये।

दूसरे दिन सुपरिंटेंडेंट साहब मेरे वार्ड में आये और आते ही बोले–

"हैलो मिसेज शास्त्री! आप अपने खाविन्द से मिलने के दिन कह देना कि आपसे ऐसी बातें न किया करें, नहीं तो आपकी मुलाक़ात बन्द करवा दी जावेगी।"

ऐसे भद्दे ढंग से यह बात कही गयी कि मुझे क्रोध आ गया। मैंने कहा–

"आपसे किसने कहा।"

सुपरिंटेंडेंट बोले, "ज्वाला प्रसाद (नायब जेलर) ने।"

मैंने क्रोध से कहा, "नायब जेलर झूठ बोलता है।"

सुपरिंटेंडेंट, "मैं हुज्जत नहीं चाहता।"

मैंने भी इसी तरह क्रोध से कहा, "आप हुज्जत नहीं चाहते मत चाहिए, मुझे भी परवाह नहीं। बड़ी ख़ुशी से मेरी मुलाक़ात बन्द करिये, हम तो सहेंगे ही, जो सख़्ती हद से ज़्यादा आप कर सकते हों करिये। आपको मालूम है मैं आपके जेल के किसी भी नियम को नहीं तोड़ती और फिर आप एकतरफ़ा सुनकर इस तरह कहने लगे।"

शायद सुपरिंटेंडेंट साहब को ख़याल आया हो कि कहीं इसकी आवाज़ जनता

में कुछ आन्दोलन पैदा न करे अथवा जेलर ने ही कुछ धीरे से कहा, जाते हुए सुपरिंटेंडेंट ने मुझसे पुनः पूछा—

"तो क्या बात हुई थी?

मैंने संक्षेप में बता दिया। तब सुपरिंटेंडेंट केवल यह कहते हुए चले गये, "शान्ति का नाम क्यों लेना था।"

इस घटना से पूर्व मुझे कभी नहीं बतलाया गया था कि कौन-कौन-सी बातें मुलाक़ात के समय करनी चाहिए या जेल में किन-किन नियमों का पालन होना चाहिए। केवल देखा-देखी हमें जो नियम मालूम होते रहे, उन्हें ही पालने की चेष्टा मैं करती थी।

# जेल में क़ैदियों से बर्ताव

कहा जाता है कि हिन्दुस्तान की पुलिस दुनिया भर में सबसे अधिक बिगड़ी हुई है। दुनिया के दूसरे देशों में पुलिस जनता की सहायता और रक्षा के लिए होती है। हिन्दुस्तान में इसके विपरीत पुलिस का काम लोगों को सताना और तंग करना है। अशिक्षित गाँवों में पुलिस का नाम भी डरावना समझा जाता है। पुलिस के समान ही कदाचित उससे भी बुरी हालत हिन्दुस्तान की जेलों की है। पहले तो जेल के क़ायदे-क़ानून ही सख़्त हैं, तिस पर भी उन्हें बेरहमी से काम में लाया जाता है। पर साथ ही मेरा यह अनुभव है कि जेल की सख़्त आज्ञाओं और नियमों के होते हुए भी जहाँ अच्छा या बुरा व्यवहार होना, किसी भी अच्छे या बुरे स्वभाव वाले अधिकारी पर निर्भर है, वहाँ जैसे चाहें वैसे व्यवहार करवाने का भार क़ैदियों पर सारा नहीं तो कुछ-न-कुछ ज़रूर है। यों तो जान-बूझकर अच्छे स्वभाव वाले आदमी जेल के अधिकारी ही नहीं बनाये जाते और यदि बनते भी हैं तो दूसरे लोगों से मिलकर वह भी बिगड़ जाते हैं। कठिनता से कोई ऐसा सुपरिंटेंडेंट या जेलर होगा, जो किसी भी झगड़े की जाँच मेहनत से ठीक-ठीक करे। क़ैदियों की शिकायत जैसी वार्डरों ने कर दी; सुपरिंटेंडेंट और जेलर ने वैसा ही सुन लिया। अगर सुपरिंटेंडेंट दूसरे क़ैदियों से गवाही भी माँगे, तो वही गवाही देंगे जो वार्डर उन्हें पहले से याद करा चुके हों। अगर क़ैदी ऐसा न करें तो वार्डर बैरक में जाकर उनकी बुरी गति करते हैं। बात-बात में तनहाई, बेड़ी आदि का उपहार दिलवाने लगते हैं। जिसके डर के मारे हर एक को वार्डरों को प्रसन्न रखने की चेष्टा करनी पड़ती है। वार्डर जितनी तनख़्वाह पाते हैं, उससे कई गुनी अधिक क़ैदियों से प्राप्त करते हैं। किसी मुलाक़ात के समय जिसने वार्डर को चुपके से कुछ रुपये आदि दिला दिये, वह तो ठीक, नहीं तो मारपीट, तनहाई आदि सजा से बदला लिया जाता है।

मुझे याद है कि मेरे छूटने से कुछ दिन पूर्व एक मुसलमान लेडी वार्डर रखी गयी थी। वह एक दिन हमारे वार्ड की एक 'सी' क्लास की स्त्री को मुलाक़ात

कराने को ले गयी। उस स्त्री की एक छोटी लड़की और उसका एक चार वर्ष का लड़का अपनी माँ से मिलने आया था। माँ को देखते ही बच्चे चिल्ला-चिल्लाकर रोने लगे; इधर माँ भी रो रही थी। देखने वालों का दिल फटा जा रहा था, पर वह हृदयहीन लेडी वार्डर माँ और बच्चों के बीच खड़ी हो गयी। उसने कहा, ''मुझे कुछ दिलवाओ।" लड़की ने कहा, "मेरे पास केवल चार आने हैं, यहाँ से अपने गाँव तक जाना होगा, अगर तुम्हें दे दूँ तो इक्के वाले को क्या दूँगी।" परन्तु लेडी वार्डर ने एक ही रट लगा रखी थी, ''नहीं तुम्हें देने ही होंगे, चली थी. मिलायी करने और पल्ले दाम तक नहीं; ऐसे थोड़े ही मिलायी होती है।" क़ैदी स्त्री ने हाथ जोड़कर कहा, "वक़्त जा रहा है, दो बात कर लेने दो।" पर वार्डर को तो दाम चाहिए थे। लड़की ने चार पैसे निकालकर सामने रख दिये, पर वार्डर न हटी, "क्या चार पैसे के लिए मैं तुम्हें यहाँ तक लायी हूँ," क़ैदिन माँ ने रोते हुए अपनी लड़की से कहा, "दे डाल बेटी, रास्ते में भीख माँगती हुई चली जाना। नहीं तो आज के बाद तीन महीने तब मिलायी न हो सकेगी।" लड़की ने आँचल से दाम खोलकर लेडी वार्डर की ओर बढ़ा दिये। वार्डर ने धीरे से जूता उतारकर कहा, ''इसमें डाल दो, होशयारी से, कोई देख न ले।" ये पैसे डलवाकर माँ और भी ज़्यादा रोने लगी, ''हाय, आज मेरे बच्चों को भूखे-प्यासे तो लौटना होगा ही, पर मेरे जीते भीख भी माँगनी पड़ेगी।'' कितना करुण दृश्य था, साधारण मनुष्य तो माँ और बच्चों के इस मिलन को देखकर पिघल जाये, पर जेल के कर्मचारियों के जिस्म में विधाता ने वह चीज़ डाली ही नहीं जिसे दिल कहते हैं।

साधारणतया जेल के अधिकारियों का स्वभाव क्रूर और कठोर होता है। अब कोई क़ैदी अपनी अधिकार की रक्षा के लिए या अपने ऊपर होते हुए अन्यायपूर्ण अत्याचार के विरुद्ध कुछ कहने का यत्न करता है, तब तो इस क्रूरता का नंगा रूप प्रकट हो जाता है।

सबसे बड़ी कठिनता का सामना बेचारे अशिक्षित क़ैदियों को इसलिए करना पड़ता है कि उन्हें जेल के नियम पता नहीं होते। जेल में रहने वाले क़ैदी और विचाराधीन अभियुक्त, दोनों के ही लिए जेल के नियम होते हैं। परेड कैसे करनी चाहिए, अपनी आवश्यकताओं को अफ़सर तक कैसे पहुँचाना चाहिए, किस ढंग से रहना, बैठना और चलना-फिरना चाहिए आदि इन नियमों को आने वाले नये क़ैदी को बता देना कितना आवश्यक है। अफ़सर लोग कभी यह पूछने व जानने की चेष्टा नहीं करते कि अपराधी के अपराध करने का कारण क्या है। मैंने देखा—बेक़ायदा रहने और काम करने के कारण रोज़ ही बीस-बीस और पच्चीस-पच्चीस क़ैदियों को सुपरिंटेंडेंट हथकड़ी, बेड़ी, तनहाई का दण्ड देते थे।

सजा देते समय बेचारे क़ैदी से कुछ पूछना आवश्यक न समझा जाता था। उन दिनों प्रायः यह शिकायत सबसे ज़्यादा रहती थी, क़ैदी नियम तोड़ते हैं पर कभी किसी ने यह भी सोचा कि उन्हें नियम बताये किसने थे। उदाहरणार्थ, क़ैदी को चाहिए कि अपनी ज़रूरत परेड के दिन सुपरिंटेंडेंट के सामने कहे और वह भी पहले हाथ उठा दे—जब कोई उससे पूछे—क्या चाहते हो? तब वह अपनी ज़रूरत को कहे, पर ऐसा नियम शिक्षित क़ैदी तो एक-दूसरे को देखकर भी समझ जाते हैं। पर 'सी' क्लास में अधिकतर गाँव के अशिक्षित थे, जब तक उन्हें बताया या समझाया न जावे, वे कैसे जानें? वे लोग साहब के आने पर बिना हाथ उठाये—या बिना पूछे बोलने लगते थे—तिस पर साहब कहते थे—बेतरीके क्यों बोला, नाम नोट करो, हमारे सामने पेश करना। बेचारे क़ैदी मन-ही-मन जला करते, पर बेचारे क्या कर सकते थे।

जेल के सुपरिंटेंडेंट कर्नल रहमान को किसी बात की चिन्ता थी तो अपना रोब जमाने की। बड़ी शान से वह क़ैदियों के वार्ड में आते थे। साहब के वार्ड में आने की सूचना उनका कुत्ता दिया करता था, जिसे वह सदा साथ रखते थे, हालाँकि जेल में कुत्ता लाना जेल के नियम के विरुद्ध है। उसके बाद जेलर, डॉक्टर और एक सी.आई.डी. के मनुष्य के साथ सुपरिंटेंडेंट साहब वार्ड में प्रवेश करते थे; उनके ठीक पीछे चँवर हाथ में लिए और सुपरिंटेंडेट साहब की पीठ पर बैठने वाली मक्खियों को उड़ाते हुए एक नम्बरदार होता था, जिसके पीछे दो पुलिस के सिपाही और वार्डर होता था। हमारे वार्ड में आते हुए उन्हें शायद अपनी जान का इतना भय नहीं था, इसलिए दोनों सिपाही वार्ड के द्वार पर ही रह जाते थे। सुपरिंटेंडेंट साहब हिन्दुस्तानी होते हुए भी हम लोगों से अंग्रेज़ी में सिर्फ़ इसलिए बोलते थे कि जिससे हमें ख़याल हो जावे कि आप हिन्दुस्तानी बोली नहीं जानते। मैंने कई बार कहा—मेरे साथ हिन्दुस्तानी में बात किया करें पर उन्हें बड़ी कठिनता मालूम पड़ती थी। बेचारे जेलर से अंग्रेज़ी शब्दों के अर्थ पूछा करते थे। यदि कोई अंग्रेज़ सुपरिंटेंडेंट होता तो दूसरी बात थी पर यहाँ तो एक हिन्दुस्तानी महाशय थे जिन्हें अपनी बोली बोलने में मुश्किल होती थी। शायद कोई अंग्रेज़ टूटी-फूटी हिन्दुस्तानी बोल लेता पर हमारे देशी साहब को बिना जेलर की सहायता के हिन्दुस्तानी बोलने में शर्म आती थी। यह है हमारे भाग्य की विडम्बना, यह है हमारी गुलामी का, हमारी मानसिक दासता का लज्जापूर्ण चित्र! जब मेरे साथ ही साहब को हिन्दुस्तानी बोलने में इतना संकोच होता था तो बेचारे 'सी'-क्लास के अंग्रेज़ी का अक्षर न जानने वालों के साथ क्या बात करते होंगे? हाँ, बात-बात पर डाँट देना, बुरी तरह बात करना उनका विशेष

स्वभाव प्रतीत होता था। उन्होंने कभी मेरा ही लिहाज़ न किया, तब वह किसी पुरुष का क्या लिहाज़ करते।

जब तक जेल के सुपरिंटेंडेंट कर्नल अब्दुल रहमान रहे, मुझे एक ख़ास शिकायत उनके समय में रही; वह न स्वयं कभी नियम बनाते और न दूसरों का ही ख़याल करते थे। उन्होंने अपने समय में महिला-वार्ड में निरीक्षण के लिए आने का दिन या समय कभी भी निश्चित नहीं किया, वह करते क्यों? वह तो अपने को जेल का परमेश्वर समझते थे। कभी-कभी तो जब मैं नहा रही होती, तभी दरवाज़ा खटकने लगता था। वार्डर चिल्लाती थी, साहब बहादुर आते हैं! इधर मैं चिल्लाती थी, "जमादारिन, ठहर जाओ!" द्वार खुल जाता था और मुझे जल्दी से बिना नहाये ही कपड़े पहनकर सामने आना पड़ता था। कई बार चाहा कि रहमान साहब कम-से-कम आने से आधा घण्टे पहले सूचना ही भिजवा दिया करें पर ऐसा कभी न हो सका। मुझे इस विषय में निःसंकोच कहना पड़ेगा कि उनके बाद जब एक यूरोपीय व्यक्ति मेज़र क्लाइड सुपरिंटेंडेंट बनकर आये तो हमारी यह तकलीफ़ सदा के लिए दूर हो गयी। परन्तु रहमान साहब जब कभी भी भीतर आये, उन्होंने इस बात की परवाह नहीं कि मैं एक सभ्य स्त्री के सामने बात कर रहा हूँ जो साधारण क़ैदी नहीं प्रत्युत राजनीतिक क़ैदी है।

मुझे यह कहते हुए कुछ लज्जा आती है कि जहाँ एक ओर एक हिन्दुस्तानी सुपरिंटेंडेंट का यह बर्ताव था, वहाँ दूसरी ओर यूरोपियन सुपरिंटेंडेंट ने एक भद्र महिला के प्रति जो मान-मर्यादा दिखानी चाहिए, उसका सदैव ध्यान रखा। मेरे रहते हुए जेल में दो यूरोपियन सुपरिंटेंडेंट आये। एक मेज़र यूल (एक फौज़ी अंग्रेज़) जो सात दिन तक कर्नल रहमान के छुट्टी जाने पर उनके स्थान पर आये और दूसरे मेज़र क्लाइड, जो स्थायी रूप से कर्नल रहमान की बदली होने पर उनकी जगह आये। दोनों ही का व्यवहार मेरे प्रति कितनी शिष्टता और सभ्यता से पूर्ण था। उसमें और एक हिन्दुस्तानी सुपरिंटेंडेंट के व्यवहार में कितना अन्तर था। जब कभी मैं इस पर विचार करती तो मेरा मन क्षुब्ध हो उठता। मैं सोचती कि हमारे भाई इसी प्रकार के शासक हुआ करेंगे। बहुधा मैंने सुना था कि हिन्दुस्तानी अफ़सर और अंग्रेज़ अफ़सरों के चरित्र में बड़ा फ़र्क़ होता है, पर यहाँ तो बात स्वयं मेरे ऊपर आ पड़ी और मैंने देखा कि हमारे भाइयों का कितना पतन हो चुका है, इस पर विचार करते-करते मुझे ख़याल आया कि वह यह सब गुलामी की नियामतें हैं। महात्मा गाँधी ने ठीक ही कहा है कि सबसे बड़ा अनर्थ जो

विदेशी राज्य से हुआ है वह आर्थिक पतन नहीं, बल्कि हमारा मानसिक और नैतिक पतन है। एक यूरोपियन अफ़सर चाहे दुश्मनी का भाव ही रखे पर वह आज़ादी की क़ीमत जानता है। चाहे वह ऊपर से अपने भाव को कितना ही छिपा ले पर अपने हृदय की तह में वह आज़ादी के सिपाहियों की इज़्ज़त किये बिना नहीं रह सकता, पर एक हिन्दुस्तानी सरकारी नौकर की हालत दूसरी है। उसे पता नहीं कि आज़ादी क्या वस्तु है। उसका दिल और दिमाग़ जिस धातु से बना है, उसका नाम है—गुलामी!

# कीचड़ में 'कमल'

साधारण नियमों में अपवाद होना ईश्वर की सृष्टि का एक निश्चित विधान है, अपवादों के बिना शायद यह जगत बहुत कठोर और असत्य बन जाता। काली अँधेरी रात में एक प्रकाश की रेखा, बिजली चमक उठती है, समुद्र की गन्दली अन्धेरी सतह में चमकदार मोती बिखरे हुए हैं, कीचड़ में कमल खिलता है और वीरान रेगिस्तान में हरियाली अंकुरित होती है। जेल जैसे नारकीय स्थानों में भी भगवान की विभूति की झलक कभी-न-कभी मिल ही जाती है। मैंने कहा है कि जेल के लोग कितने क्रूर और निर्दय होते हैं परन्तु वहाँ भी ऐसी पवित्रात्मायें पहुँच ही जाती थीं जिनके चेहरों पर दया और सहानुभूति अंकित होती है। यों तो जेल में समय-समय पर एक-दो ऐसे कर्मचारी आते ही रहे जिनमें मनुष्यता थी और जिनका व्यवहार सदैव शिष्ट होता था, परन्तु जिस व्यक्ति को देखकर मुझे असीम आश्चर्य और हर्ष हुआ, वह था एक बूढ़ा वार्डर। मेरी कितनी इच्छा होती है कि मैं उसका नाम यहाँ अंकित कर दूँ परन्तु वैसा करना शायद उस ग़रीब के लिए हानिकारक होगा।

मैं एक दिन बड़ी घबराहट और निराशा से विकल हो रही थी। वह जब फीमेल वार्ड की ओर आया तो बातचीत में मैंने उससे कहा कि मुझे और तो कोई कष्ट नहीं पर यह चिन्ता अवश्य रहती है कि मैं यहाँ अकेली राजनीतिक क़ैदिन हूँ। इतना सुनते ही उसने कहा—

"बहन जी, इससे आपको जरा-सी भी चिन्ता न करनी चाहिए। यदि ज़रूरत पड़े तो मैं नौकरी को भी तिलांजलि दे डालूँगा।"

वह उन व्यक्तियों में से न था जो लम्बी-चौड़ी बातें कह डालते हैं। उसने जो कुछ कहा, उसका एक-एक शब्द उसके हृदय से निकला था। उसके चेहरे से वह भाव टपकता था जो धर्मात्मा और सत्यवादियों के चेहरों पर सदा झलकता रहता है। कहना न होगा उसके बाद मुझे कभी किसी प्रकार की चिन्ता और घबराहट न रही। मैं आश्चर्य में पड़ी हुई सोचने लगी कि इस नरक में भी आतताइयों से रक्षा करने के लिए रक्षक देवदूत विद्यमान हैं।

एक दिन तो उस वार्डर ने मुझे सचमुच आश्चर्य में डाल दिया। जेल में 'ए' और 'बी' श्रेणी के क़ैदियों के जो फलादि आते हैं, वे बहुधा अधिक होने पर जेल के कर्मचारी, सिपाही, वार्डर आदि को मिल जाते हैं। मेरे सामान पर तो लेडी वार्डर की ख़ास नज़र रहती थी और मैं भी प्रायः उसे दे दिया करती थी।

एक दिन मेरे घर से कुछ फल आदि आये थे; वह बूढ़ा वार्डर उन दिनों बीमार था। डॉक्टर ने उसे केवल दूध और फल खाने को कह रखा था, मैं जानती थी कि बाल-बच्चेदार वार्डर बीस रुपये में अपने लिए दूध और फल नहीं जुटा सकता। अतः मैंने सोचा, अगर कुछ दिनों के लिए दूध और फल वार्डर को दे दिया करूँ तो बेचारे को फ़ायदा हो। एक दिन कुछ फल वार्डर को देते हुए मैंने कहा, "तुम रोज़ मेरा दूध ले लिया करो।" मैं कितने आनन्द और आश्चर्य से उसका मुख ताक़ती हुई रह गयी जब उसने निम्न शब्दों के साथ मेरी सब चीज़ें वापस कर दीं—

"बहन जी! मैंने कभी अपनी बड़ी बहन तक के घर का खाना नहीं खाया, आप तो मुझसे बहुत छोटी है। हिन्दू के लिए तो छोटी बहन के घर का खाना पाप लिखा है।"

उस दिन से मेरी श्रद्धा उस वार्डर पर हो गयी। मुझे उस समय कितना आनन्द हुआ होगा, वह कोई मेरी अवस्था में पड़ा हुआ व्यक्ति ही अनुभव कर सकता है।

# जेल में मेरी बीमारी

सारे दिन जेल की चहारदीवारी और रात को कमरे में बन्द रहने का असर मेरे स्वास्थ्य पर पड़े बिना नहीं रह सकता था, यदि कोई स्त्री जो आजकल की कठोर पर्दा प्रथा की शिकार होकर घर में लगातार बन्द रहती है। इस प्रकार एक जगह बन्द कर दी जाती तो शायद उसके लिए यह कोई बड़ा अन्तर न होता, पर मैंने अपना सारा जीवन खुली हवा में बिताया था, कश्मीर के स्वच्छ वायुमण्डल में घूमते हुए मैं इतनी बड़ी हुई थी। एक साथ ही तंग जगह में बन्द होने से जो मानसिक कष्ट होता, उसे तो मैं ज्यों-त्यों करके उच्च भावनाओं से दबाने की चेष्टा करती पर शरीर पर तो उसका असर पड़ना ही था। फल यह हुआ कि जेल में दो मास तक रहने के बाद मुझे हलका-सा ज्वर होना शुरू हो गया। प्रतिदिन शाम को 99 और कभी 100 डिग्री तक बुख़ार हो जाता। जब पन्द्रह-बीस दिन तक यही हालत रही तो मुझे और मुझसे बढ़कर मेरे घर के लोगों को इसकी चिन्ता होने लगी।

मुझे किसी लेडी डॉक्टर को दिखाने का प्रश्न उपस्थित हुआ। मैंने कहा कि मैं अब तक 'मिसेज टण्डन' लेडी डॉक्टर से अपना इलाज कराती रही हूँ, उन्हें ही बुलाकर मुझे दिखा दिया जावे। उस समय कर्नल रहमान की जगह मेज़र यूल एक सप्ताह के लिए काम करने आये हुए थे। उन्होंने मेरी प्रार्थना पर मिसेज टण्डन को बुलाना स्वीकार कर लिया; पर जब जेलर को यह पता लगा तो जेलर ने मेज़र यूल से कहा कि मिसेज टण्डन को बुलाना कर्नल रहमान को कभी पसन्द न आयेगा। पता यह चला कि कर्नल रहमान और कैप्टन टण्डन में कुछ अनबन हो चुकी थी जिसके कारण जेल में मिसेज टण्डन को भी नहीं बुलाया जा सकता था। अन्त में मेज़र यूल अपने साथ एक लेडी डॉक्टर को, जिसका नाम 'मिस जॉन' था, लाये। उन्होंने अच्छी तरह मेरी परीक्षा करके मेरे लिए दवाई तजबीज़ कर दी। दवाई बनकर भी आ गयी और जेल की व्यवस्था के अनुसार मैं उसे पीने लगी, पर वहाँ कोई यह देखने वाला नहीं था कि वह दवाई मुझ पर क्या

असर कर रही है—बुरा या भला? वह तो एक बार बनकर आयी, फिर जेल के क़ायदे के अनुसार बोतल समाप्त करनी मेरे लिए आवश्यक थी, फल यह हुआ कि मेरी दशा कुछ सुधरी नहीं बल्कि बिगड़ती ही गयी।

यह बात अक्टूबर मास की है। उन्हीं दिनों में कर्नल रहमान के बदले जेल में एक यूरोपियन महाशय मेजर क्लाइड सुपरिंटेंडेंट बनकर आये। जैसा कि मैं पूर्व में भी लिख चुकी हूँ, उन्होंने मेरे साथ बहुत सहानुभूति का व्यवहार किया और शास्त्री जी के आग्रह करने पर यह भी स्वीकार कर लिया कि मेरी शारीरिक परीक्षा मेरठ के सुप्रसिद्ध चिकित्सक डॉ. भूपाल सिंह जी के द्वारा करायी जावे। तदनुसार डॉक्टर भूपाल सिंह जी ने जेल में आकर मुझे देखा, उनके देखने से सबसे बड़ा लाभ तो यह हुआ कि कम-से-कम मुझे और मेरे सब सम्बन्धियों को सन्तोष हो गया।

इन्हीं दिनों में यह व्यवस्था कर दी गयी कि मैं प्रति सप्ताह एक बार मेरठ शहर के ज़नाने अस्पताल में चिकित्सा के लिए भेजी जाया करूँ। मुझे याद है कि जिस दिन मैं पहली बार जेल की चहारदीवारी से निकलकर मेरठ शहर में होती हुई ज़नाने अस्पताल में लायी गयी तो उस समय मेरे हृदय में एक साथ ही न जाने कितने अपूर्व भाव उठ रहे थे। मैं एक लॉरी में तेज़ी के साथ शहर से निकालकर अस्पताल पहुँचा दी गयी। लॉरी में चार सिपाही तैनात रहते थे—शायद मैं भाग न जाऊँ। फलतः जेल का सारा वायुमण्डल मेरे चारों ओर था परन्तु फिर भी एक बार खुली हवा में आने से केवल मेरठ की सड़कों पर दृष्टि डालने की क्षमता प्राप्त होने से मेरे हृदय को जो अनिर्वचनीय आह्लाद हुआ, उसे मैं किन शब्दों में लिख सकती हूँ। मैं सोचने लगी कि पराधीनता और बन्धन के बाद थोड़ी-सी नाममात्र की स्वाधीनता भी कितनी मधुर है। फिर सचमुच वह दिन भारत के इतिहास में कितना उज्ज्वल होगा, जिस दिन सदियों की गुलामी के बाद भारत के वायुमण्डल में स्वाधीनता का प्रथम प्रभात चमकेगा।

मैं अपने विषय से दूर चली गयी; सचमुच उस समय तो एक प्रकार से मैंने अपनी बीमारी को धन्यवाद दिया। लॉरी में जल्दी से निकलते हुए कई भाइयों की दृष्टि मुझ पर पड़ती थी। पर वे लोग भ्रम में पड़ जाते। कई भाई मुझे नमस्कार करते परन्तु पूर्व इसके कि मैं उसका उत्तर दूँ, लॉरी आगे निकल जाती। लगभग आधा घण्टे अस्पताल में रहकर फिर मैं जेल में वापस चली जाती। साधरणतया मेरे अस्पताल जाने का दिन बुधवार था, परन्तु पीछे शायद इस दृष्टि से कि निश्चित दिन होने से मेरे सम्बन्धी मुझे अस्पताल मिलने न पहुँच सकें, दिन अनिश्चित रहने लगा और किसी समय अकस्मात बिना पूर्व सूचना के मुझे अस्पताल जाने

के लिए बुलावा आ जाता था। जो कुछ भी हो, प्रति सप्ताह एक बार अस्पताल जाने से मुझे कुछ-न-कुछ लाभ अवश्य प्रतीत हुआ, पर यह नहीं कह सकती कि वह लाभ ज़नाना अस्पताल की दवाई से हुआ या चार मास के बन्दी को खुली हवा के दो-चार झोंकों के लगने से।

इस प्रसंग में यह अनुचित न होगा यदि मैं दो-चार शब्द जेल की चिकित्सा और जेल के अस्पताल के विषय में इस परिच्छेद में लिखूँ। यद्यपि मुझे आँखों से जेल के अस्पताल के कमरे देखने का कभी मौक़ा नहीं मिला, पर जेल के डॉक्टर और कम्पाउंडर हमारे वार्ड में औषधि देने और हाल पूछने प्रायः रोज़ आते थे। जेल-नियम के अनुसार उन लोगों को रोज़ एक बार प्रत्येक वार्ड में जाना ज़रूर होता था। केवल बीस या पच्चीस दिन छोड़कर (जिन दिनों जेल में मलेरिया फैला हुआ था) क़ैदियों की संख्या चाहे 1,000 हो या 400, पर वही एक डॉक्टर और वही एक कम्पाउंडर काम करते थे। मलेरिया के दिनों में कभी-कभी एक आध कम्पाउंडर और भी आये पर 24 घण्टे से ज़्यादा कोई ठहर न सका, जिसका कारण सुनने में यही आता था कि उनसे कहा गया कि पहले कुछ दिन अवैतनिक काम करो तो फिर देखा जायेगा, पर वस्तुतः अवैतनिक रूप में काम करने को कोई तैयार न होता था।

जेल की दवायें भी ख़ास पेटेंट थीं, एक बोतल से भरा हुआ पानी न जाने कितनी बीमारियों का इलाज था। वहाँ दवाइयों के नम्बर मुकर्रर थे। अब ठीक तो याद नहीं रहा, पर शायद उस लाल पानी का नम्बर 40 था। मैंने देखा हमारे वार्ड में अगर किसी को सिरदर्द है, पेटदर्द या और कोई साधारण दर्द आदि है तो वही लाल रंग का पानी हर एक को दिया जा रहा है; एक नाप के गिलास में वहाँ पानी भर के लाया जाता था; किसी ने कहा मुझे जुकाम है तो वही एक डोज पिला दी और किसी ने कहा, पेटदर्द करता है तो उसी में से दूसरा डोज पेटदर्द के लिए भी औषधि हो गया और वही सिरदर्द के काम भी आ जाता था।

चिकित्सा की यह हालत होने के कारण जेल में कभी-कभी बड़ा अनर्थ भी हो जाता था। एक बार मैंने सुना कि एक बूढ़ा क़ैदी बीमार पड़ गया। अस्पताल के कमरे में ही रात को उसकी हालत बहुत ख़राब हो गयी। हाथ-पाँव ठण्डे होते देख एक क़ैदी ने वार्डर से कहा, कम्पौण्डर साहब या डॉक्टर साहब को ख़बर कर दो।' ख़बर हो गयी; पर वहाँ से जवाब मिला—'अगर ऐसी हालत है, तो मर गया होगा, देखकर एक अलग खाट पर डाल दो, मैं ही जाकर क्या कर लूँगा।' बेचारे बूढ़े क़ैदी को निमोनिया का बुख़ार एकदम दूर हो जाने से शिथिलता के मारे बेहोशी-सी हो गयी थी। बेचारा अलग खाट पर डाल दिया गया, जहाँ वह

प्रातः आठ बजे तक पड़ा रहा पर किसी ने नहीं देखा कि वास्तव में मरा है या नहीं। ठीक 9 बजे सुपरिंटेंडेंट अस्पताल में दाख़िल हुए। उन्हें सूचना दी गयी कि एक क़ैदी रात को मर गया। परन्तु साहब ने जब कपड़ा हटाया तो क़ैदी की साँस चल रही थी, उसे उठाकर कमरे में लाया गया। रात की सर्दी से बेचारा बुड्ढा क़ैदी काँप रहा था और उसी कँपकँपी में उसके प्राण दुपहर के दो बजे शरीर से अलग हो गये।

जिस झाड़न से औषधियाँ ढँककर लायी जाती थीं, वह प्रायः मैला होता था और वह जेल में ही साधारणतया धो दिया जाता था। धोबी का घर तो उसने कभी देखा ही न था। ऐसी व्यवस्था में यदि क़ैदी जीते रहें तो अपने भाग्य से। इसीलिए यदि जेल में जाकर जिसे बदक़िस्मती से एक-आध बार भी ज्वर आया तो बस वह फिर सँभला तो अपने घर ही जाकर।

# प्रतिष्ठित अभ्यागत महिलाएँ

साधारणतया जब 15वें दिन मेरी मुलाक़ात होती थी, उस समय कभी मेरठ की और कभी बाहर की मेरी सम्बन्धी स्त्रियाँ मुझसे मिलने आया करती थीं, परन्तु दो बार ऐसा अवसर आया जबकि कुछ प्रतिष्ठित महिलायें जेल सुपरिंटेंडेंट के द्वारा विशेष प्रबन्ध करके मुझसे जेल की बैरक में मिलने आयीं।

एक दिन कर्नल अब्दुल रहमान मेरी बैरक में आये और मुझसे कहने लगे कि कुछ औरतें आपको जेल में देखना चाहती हैं। किसी अंग्रेज़ महिला से मिलने में आपको कोई आपत्ति तो न होगी या केवल आप हिन्दुस्तानी स्त्रियों से ही मिलती हैं। मुझे उनके प्रश्न पर कुछ आश्चर्य हुआ। किसी अंग्रेज़ स्त्री से मिलने में मुझे क्या आपत्ति हो सकती थी। मि. रहमान शायद यह समझते थे कि कांग्रेस वाले अंग्रेज़ों को अपना दुश्मन समझते हैं, इसलिए शायद मुझे किसी अंग्रेज़-स्त्री से मिलना भी पसन्द न होगा। उन्हें यह पता नहीं था कि हमें किसी व्यक्ति विशेष से द्वेष या घृणा नहीं है। यह तो महात्मा गाँधी के सिद्धान्त से बहुत दूर है। ख़ैर, मैंने कर्नल रहमान को कहा–

"मुझे किसी अंग्रेज़ महिला से मिलने पर क्या आपत्ति हो सकती है? वह तो एक स्त्री होने के नाते मेरी बहन के समान है।"

दूसरे दिन प्रातःकाल ही मेरा वार्ड खुला। मैं बैठी हुई एक पुस्तक पढ़ रही थी कि इतने में मैंने देखा कि एक यूरोपियन स्त्री और एक भारतीय महिला कर्नल रहमान के साथ-साथ अन्दर आ रही है। मैं अपनी बैरक से बाहर आयी। कर्नल रहमान ने परिचय देते हुए कहा कि–

"यह मिसेज रहमान हैं और दूसरी यूरोपियन महिला मेरठ के किसी अंग्रेज़ इंजीनियर की स्त्री है।" मिसेज रहमान ने मेरे साथ हाथ मिलाते ही पहला प्रश्न यह किया, "क्या आप अंग्रेज़ी जानती है?"

मैंने उत्तर दिया, "हाँ, कुछ-कुछ।"

इतना सुनते ही मिसेज रहमान के चेहरे पर एक प्रसन्नता का-सा भाव अंकित

हो गया मानो अंग्रेज़ी जानना बड़े गौरव की बात है। उस समय मेरे मन में एक ग्लानि का भाव उत्पन्न हुआ कि गुलाम देश में अंग्रेज़ी जानना भी एक महत्त्व की बात समझी जाती है।

ख़ैर, मैं उन्हें अपनी बैरक के भीतर ले गयी। पर वहाँ मेरे पास सिवाय खाट के और बैठाने को था ही क्या। मैंने उनसे कहा कि आजकल मेरा घर और सब कुछ यही है। बैरक में मेरा बिस्तर लोहे की खाट पर बिछा हुआ था, पास ही एक मिट्टी के चबूतरे पर मेरा बक्सा रखा था और उसके पास ही एक छोटा-सा बेंत का बक्सा था, जिसमें मैं खाने का सामान रखती थी। बस यही मेरी गृहस्थी थी। पास के दूसरे चबूतरों पर 'सी क्लास' की स्त्रियों के कम्बल और चटाइयाँ पड़ी हुई थीं। अन्दर घुसते ही मिसेज रहमान यह कहकर बाहर निकल आयी : 'Oh, this is very dirty.' (यह बहुत गन्दा है)

ठीक ही था, जिन लोगों की घुड़सालें भी उस बैरक से अच्छी हों, वे उसमें ठहरना क्यों पसन्द करतीं? फिर वे तो सुपरिंटेंडेंट जेल की स्त्री की हैसियत से वहाँ पर गयी थीं।

मैंने उनसे कहा कि मेरे पास तो सिवाय इसके और कोई बिठाने की चीज़ नहीं है, इस पर जेलर ने एक जमादार को इशारा किया। बाहर से एक कुर्सी और बेंच आ गयी। इसके बाद मिसेज रहमान ने मुझसे पूछा कि—

"आप जेल में कब से हैं?"

मैंने कहा, "18 जुलाई से?"

उन्होंने पूछा, "आप मेरठ में क्या थीं?"

उनका प्रश्न विचित्र-सा था। मैं समझ न सकी। मैंने उनसे पूछा कि आपका क्या मतलब है? फिर मिसेज रहमान ने कहा कि—

"क्या आप लीडर थीं?"

मैंने उत्तर में कहा कि मैं कांग्रेस का काम करने वाली बहुत-सी बहनों में एक हूँ। मैं अपने भाइयों को विदेशी कपड़े छोड़ने और नशीली वस्तुओं का परहेज़ करने के लिए कहती थी। उसी अपराध से मैं जेल में डाली गयी हूँ। इतने में उनकी दृष्टि मेरी साड़ी पर पड़ी। उसे दिखाकर वे उस दूसरी यूरोपियन महिला से कहने लगीं, 'This is Khaddar'.

मैंने उनसे कहा कि आप भी खद्दर क्यों नहीं पहनतीं? मिसेज रहमान ने उसका कोई उत्तर नहीं दिया। फिर वे मुझसे पूछने लगीं कि आप मेरठ में किस जगह रहती थीं? मैंने इसका साधारण उत्तर देकर फिर उनसे कहा कि—

"आप भी हिन्दुस्तानी हैं, आप कांग्रेस के काम में भाग क्यों नहीं लेती?"

मिसेज रहमान ने उत्तर दिया, "मैं कैसे ले सकती हूँ? मेरे पति तो सरकारी नौकर हैं।"

मैंने फिर कहा, "इससे क्या; इसी मेरठ में कई ऐसी स्त्रियाँ हैं जिनके पति सरकारी नौकर हैं पर वे हमारी मदद करती हैं। मुल्क को मदद पहुँचाने के बहुत से तरीक़े हो सकते हैं।"

शायद मिसेज रहमान को मेरी यह बात पसन्द न आयी और वे अधिक देर मेरे पास न रुकीं। अगले दिन डॉक्टर साहब जो मुझे दवा देने आते थे, मुझसे पूछने लगे कि आपने मिसेज रहमान से क्या कहा था? मैंने कहा कि आप क्यों पूछते हैं, तो वे कहने लगे कि कर्नल रहमान कह रहे थे कि आपने उनसे खद्दर पहनने और कांग्रेस की मदद करने को कहा था। मैंने उत्तर दिया, बेशक मैंने कहा था, इसमें हर्ज ही क्या है?

जिस मुलाक़ात का वर्णन मैंने ऊपर किया है, वह एक ढंग की थी। और ठीक उससे दूसरे ढंग की मुलाक़ात वह थी जो एक आइरिश यूरोपियन महिला ने उसके कुछ दिनों बाद मेरे साथ की। ऊपर की मुलाक़ात में मेरी एक हिन्दुस्तानी बहन थी, पर वह सहानुभूति के कारण मिलने नहीं आयी थी, उसे मेरे सुख-दुख से मतलब न था, उसके लिए तो एक राजनीतिक महिला को क़ैदी के रूप में देखना एक तमाशे की चीज़ थी। परन्तु जो आइरिश महिला मुझसे मिलने आयी, उसके हृदय में सहानुभूति और प्रेम था, वह जेल की क़ैदिन का तमाशा देखने नहीं आयी थी, बल्कि वह उर्मिला से मिलने आयी थी।

उन दिनों मुझे ज्वर रहा करता था। उस भद्र महिला के आने की सूचना मुझे पहले से न दी गयी थी। मैं अपने बिस्तर पर लेटी हुई थी। एकसाथ द्वार खटका, मैंने देखा कि सुपरिंटेंडेंट के साथ एक यूरोपियन महिला आ रही है। मैं उन्हें देखकर आनन्द से उछल पड़ी। वे मेरी पूर्व-परिचित, मेरठ कॉलेज के प्रिंसिपल की पत्नी श्रीमती ओडानल थीं। उन्होंने बड़े प्रेम से मेरे पास आकर हाथ मिलाया। मेरे सामने फिर वही चिन्ता उपस्थित हुई कि उन्हें कहाँ बिठाऊँ, पर वे शीघ्र ही मेरी कठिनता समझ गयीं और कहने लगीं कि यह कोई तुम्हारा घर तो नहीं है, फिर तुम संकोच क्यों करती हो?

फिर हम दोनों उसी बिस्तर पर साथ-साथ बैठ गयीं। कितने प्रेम से उन्होंने मेरे साथ बातें कीं; मेरे स्वास्थ्य का, रहन-सहन का समाचार पूछती रहीं। उनके प्रेम और सहानुभूति के कारण मुझे ऐसा प्रतीत हो रहा था मानो मेरी सारी बीमारी

भागी जा रही हो। बैरक में मच्छर बहुत थे और वे लगातार हम दोनों पर आक्रमण कर रहे थे, पर वे उसे सहती रहीं। फिर मुझसे पूछने लगीं–

"यहाँ मच्छर तो बहुत हैं?"

मैंने कहा, "यह तो आप देख ही रही हैं। मच्छरों की वजह से मेरे हाथ पक गये हैं और ज्वर आता है।"

उन्होंने पूछा, "इसका सबब क्या है?"

मैंने कहा, "यहाँ आठवें दिन लिपाई होती है। जो मिट्टी लायी जाती है, वह बहुत गन्दी और बदबूदार होती है, शायद वह पास के गन्दे नाले से लायी जाती है। वस्तुतः मच्छरों का कारण वह मिट्टी ही थी। जब वह सूखी होती थी, तभी उस पर मच्छर और मक्खियाँ उड़ने लगती थीं। एक-एक इंच लम्बे कीड़े उस मिट्टी के अन्दर रहते थे। वही मिट्टी गोबर डालकर लिपाई के काम में लायी जाती थी। जब मुझे ज्वर आने लगा तो मैंने कई बार प्रार्थना की कि उस मिट्टी से लिपायी न की जावे। परन्तु मेरी प्रार्थना व्यर्थ ही गयी। मैंने घर से मच्छरदानी भी मँगाई, पर वह खद्दर की थी, इसलिए हवा बन्द होने के कारण मैं उससे कोई लाभ न उठा सकी। मेरा ऐसा ख़याल है कि जेल में जाने वाले क़ैदियों को एक विशेष कष्ट मच्छरों का रहता है। मच्छर, क़ैदियों को जेल से डराकर सरकार की बड़ी सेवा करते हैं।"

मैं ऊपर श्रीमती ओडानल का ज़िक्र कर रही थी, बहुत देर तक मैं उनके साथ बातें करती रही। उनके चले जाने पर मुझे कुछ क्षोभ-सा हुआ। उनकी इस प्रेमपूर्ण मुलाक़ात की स्मृति मेरे हृदय-पट पर चिरकाल तक अंकित रहेगी।

# एकान्त-जीवन का अन्त

यद्यपि दो-तीन क़ैदी स्त्रियाँ मेरे जेल के आने के दिन से सदा ही फीमेल वार्ड में बनी रहीं, पर उनका होना या न होना मेरे लिए बराबर था। वे उस श्रेणी से आयी थीं जिनके साथ मेरा कोई सहचार नहीं हो सकता था। मेरा ख़याल है कि यदि मैं ग्रामीण अपढ़ स्त्रियों के बीच में रख दी जाती तो मैं उनमें भी मिल जाती और उनके साथ भी मुझे कुछ-न-कुछ संगति का स्वाद प्राप्त हो जाता। पर वे स्त्रियाँ जिनके साथ मुझे जेल में रहना पड़ा, उस दर्जे की थीं जैसी कि हमें बाहर कभी ही देखने को मिलती होंगी। ख़ून और चोरी व इसी तरह के दूसरे अपराधों में वे पकड़कर लायी गयी थीं। उनसे मुझे इतनी घृणा नहीं थी जितना कि डर लगता था। उनकी संगति की अपेक्षा यही अच्छा था कि मैं एकान्त जीवन व्यतीत करूँ। जेल में आने के दिन से लगातार पौने तीन महीने तक मेरा जेल-जीवन तनहाई का जीवन था। साधारणतया क़ैदियों को कोई बड़ा अपराध करने पर तनहाई की सजा मिलती है पर मुझे तो लगातार तनहाई मिली हुई थी। मेरी हालत किसी अंश में रॉबिन्सन क्रूसो के समान हो रही थी और कभी-कभी उसी के शब्दों में सोचा करती थी कि 'इस अपनी जेल-कोठरी में मेरा अखण्ड राज्य है।'

एक आशा थी जो मुझे जिला रही थी और जो मेरी सान्त्वना थी—मेरी बाहर की बहनें आज नहीं तो कल आ ही जायेंगी। पर जेल में एक सप्ताह नहीं, एक महीना और दो महीने बीत गये, पर मैं अपनी कोठरी में अकेली ही रही। यह बात नहीं थी कि मेरे पीछे मेरी बहनों ने काम ढीला कर दिया हो, काम पूरे ज़ोर पर था पर सरकार ने इरादा ही बदल दिया। मेरे पकड़ने पर जो कुछ परिणाम निकला, उसको देखते हुए बुद्धिमता भी यही थी कि आगे किसी को न छेड़ा जावे, नहीं तो मेरे पकड़ने के अगले दिन ही मेरे साथ काम करने वाली बहनों ने जो कुछ किया था, वह मेरठ जेल की सारी फीमेल वार्ड को भरने के लिए काफ़ी था। पर सरकार मौन साध गयी। मैं जिस दिन पकड़ी गयी थी, उससे पहले दिन ही मैंने अपने भाषण में कहा था कि "जेल न सिडीशन से मिलती है, न

शराब के पिकेटिंग से और न कपड़े के बायकॉट कराने से, वह तो केवल भाग्य से मिलती है।" मैं स्वयं जेल आने के दिन से तीन महीने पूर्व से लगातार वही काम कर रही थी। न जाने कितने व्याख्यान दिये और कितने दिन पिकेटिंग में लगाये, पर कभी कुछ न हुआ। पर जब शुभ मुहूर्त आया तो मुझे इस बात पर पकड़ लिया गया कि मैंने कॉलेज के विद्यार्थियों से कहा था कि तुम वालंटियर बनो और सचमुच जब मजिस्ट्रेट ने मुझसे पूछा कि "क्या तुमने विद्यार्थियों को पिकेटिंग करने के लिए कहा था?" तो मुझे हँसी आयी, मैंने मजिस्ट्रेट को कहा कि मैंने तो इससे बहुत अधिक कहा था। ऐसी हालत में किसी का पकड़ा जाना या न पकड़ा जाना केवल सरकार की नीति पर निर्भर था। पर जो पकड़े जाते थे, वे यह सोचकर सन्तोष कर लेते थे कि हमारी क़ीमत सरकार ने लगा दी है। ख़ैर, ऐसी हालत में यदि दूसरी बहनें बहुत दिन जेल में नहीं आयीं तो इसे या तो मेरी बदनसीबी कहना चाहिए था या उनकी ही।

अन्ततः 12 अक्टूबर को मेरे एकान्त जीवन का अन्त हो गया। मेरे जेल वाले घर में मेरी राजनीतिक कार्यक्षेत्र की सहयोगिनी तीन बहनें मेहमान बनकर आ गयीं। इनमें से दो बहनें तो बायकॉट में मेरी सहयोगिनी श्रीमती प्रकाशवती और श्रीमती विद्यावती जी थीं और तीसरी बहन मेरठ के महिला चरखा संघ की मन्त्रिनी श्रीमती कमला देवी चौधरानी थीं। मुझे उस दिन कितना हर्ष हुआ होगा इसका अनुमान करना पाठकों के लिए कठिन होगा। वृक्ष की शीतल छाया का स्वाद वही जानता है जो कड़कती हुई धूप में दूर से चलकर आया हो। आग की गरमी का आनन्द उसे ही मिलता है जो पूस की सरदी में नंगा पड़ा हुआ अकड़ गया हो। उन बहनों का आना मेरे लिए क्या था? मानो चिर-कंगाल को इकट्ठी धनराशि मिल गयी हो, बहुत दिनों के भूखे को भोजन की थाली परोस दी गयी हो। वह दिन मेरे लिए एक विशेष उत्सव का दिन था। यहाँ तक कि जेल के कई लोगों ने मुझे बधाई भेजी कि आज से आपकी तनहाई समाप्त होती है।

जेल के अधिकारी ही क्या जो ऐसे मौक़े पर अपनी भलमनसाहत का स्वाँग न दिखायें। न जाने किस मतलब से जेलर वहाँ पहुँचे और कहने लगे—

नयी आयी हुई स्त्रियों की अभी कोई क्लास तय नहीं हुई है इसलिए क़ायदे के मुताबिक़ उनके साथ सी क्लास का सुलूक होना चाहिए, पर लिहाज़ के कारण मैं उनके लिए भी कच्चा खाना भिजवाये देता हूँ जिससे इन्हें कोई तकलीफ़ न हो।"

यहाँ यह बतला देना आवश्यक है कि साधारणतया किसी क़ैदी की क्लास सजा के समय बतलायी जाती थी। इसलिए मुक़दमे के फ़ैसले होने तक कोई क्लास न होती थी। पर पुलिस के लोगों ने यह समझकर कि यदि स्त्रियों के

साथ बुरा सुलूक हुआ तो बारूद में चिनगारी लग जायेगी–जनता भड़क उठेगी, जेल में आने वाली स्त्रियों की वारंट के साथ ही फ़ैसला होने तक के लिए 'ए क्लास' निश्चित कर दी थी। शायद जेलर को इसका पता न था या जान-बूझकर वे इस बात को उड़ाना चाहते थे। विद्यावती जी ने कहा कि–

"हमारी क्लास निश्चित हो चुकी है। कृपा करके हमारे लिए खाटों का इन्तज़ाम कर दीजिए।"

जेलर–'मैं क्या इन्तज़ाम करूँ।"

विद्यावती जी, "मेरी खाट तो 'ए' क्लास के पुरुष-वार्ड में कहीं पड़ी होगी। क्योंकि जब मेरे पति जेल आये थे तो घर से खाट भिजवायी गयी थी। अब उनकी बदली हो गयी है, वह ख़ाली होगी। और दूसरी बहनों के लिए घर से खाट मँगा लीजिए।"

जेलर–"सी क्लास वालों को खाट नहीं मिलती।" इतना कहता हुआ वह चला गया। परन्तु अन्ततः कुछ तंग करने के बाद खाटों का प्रबन्ध हो गया।

इसके बाद नयी आयी हुई स्त्रियों का नियमपूर्वक मुलाहिज़ा करने के लिए सुपरिंटेंडेंट जेल कर्नल रहमान ने फीमेल वार्ड में प्रवेश किया। हम लोग रसोई में लगी हुई थीं। जमादारिन के आवाज़ देने पर बाहर निकल आयी। सुपरिंटेंडेंट ने सबसे नाम-धाम आदि पूछने शुरू किये। विद्यावती जी और प्रकाशवती जी से पूछकर, कमला जी से भी वही प्रश्न दुहराये–

सुपरिण्डेण्ट–"आपके पति का नाम?"

कमजा जी–"डॉक्टर चौधरी।"

सुपरिंटेंडेंट–"क्या आप बंगाली है?"

कमला जी–"नहीं! हम लखनऊ के रहने वाले हैं।"

सुपरिंटेंडेंट–"चौधरी साहब ने डॉक्टरी कहाँ से पास की?"

कमला जी–"कलकत्ते से।"

सुपरिंटेंडेंट–"अगर आप बंगाली नहीं हैं तो कलकत्ते से क्यों की? लखनऊ से क्यों नहीं की?"

कमला जी–"यह तो आप उनसे ही पूछिये।"

अन्तिम उत्तर से सुपरिंटेंडेंट की त्योरियाँ चढ़ गयीं। 'उनसे ही पूछिए' इन शब्दों में जेल के नवाब साहेब को कुछ अपमान की गन्ध आने लगी। वहाँ से तो चले गये, परन्तु उनका क्रोध भड़क उठा। इसका बदला लिये बिना कैसे रह सकते थे। श्रीमती कमला देवी की मुलाक़ात बन्द कर दी गयी। तीन-चार दिन बाद बड़ी मुश्किल से इजाज़त मिली। इस पर कोई टीका-टिप्पणी व्यर्थ है।

एक जेल में आयी हुई स्त्री के सीधे-सादे यथोचित उत्तर में अपनी मानसिक कमज़ोरी के कारण अपमान की गन्ध आ जाने से या आदर की कमी का अनुभव करने के कारण नाराज़ होकर एक आश्रित स्त्री के प्रति बदला लेने की इच्छा को मनुष्य-मनोभावों की किस गिनती में रखा जाय, इसका उत्तर शायद कोई मनोविज्ञान-शास्त्री ही दे सकेंगे।

12 अक्टूबर के बाद मेरा सूना जेल का घर आबाद हो गया। उसमें भी झगड़े का गान गूँजने लगा, उसमें भी चहल-पहल रहने लगी। केवल कभी-कभी मेरे हृदय में एक हलकी-सी वेदना होती थी कि मैं अपने एकान्तवास के एकमात्र साथी पेड़ और पक्षियों को भूली जा रही थी।

# जेल का भोजन

जेल में यों तो तीनों तरह के क़ैदियों को वहीं का भोजन मिलता है, पर 'ए' क्लास वाले अपने घर से भी मँगाकर खा सकते हैं। जेल-मैनुएल में दिया गया है कि 'ए' क्लास के क़ैदी अपना भोजन घर से 'सप्लीमेण्ट' (पूरा) कर सकते हैं। 'सप्लीमेण्ट' का अर्थ लगाना जेल के अधिकारियों पर निर्भर होता है। कभी-कभी वे कहते हैं कि केवल फल लिए जा सकते हैं और कभी-कभी सभी अधिक चीज़ें भी ले ली जाती हैं। जब मैं जेल गयी ही थी, लगभग एक सप्ताह तक मुझे जेल में पका हुआ भोजन भेज दिया जाता था। अनुकूल न पड़ने के कारण उसके बाद मैंने स्वयं खाना पकाने की आज्ञा प्राप्त कर ली। तब मुझे ज्ञात हुआ कि मुझे किस हिसाब से रोज़ खाना दिया जाता है।

मुझे कहा गया कि आपकी सादी क़ैद है, जेल में 'ए' क्लास को सादी क़ैदवाले को छह आना रोज़ के हिसाब से खाना दिया जाता है और सख़्त क़ैदवाले को आठ आने के हिसाब से। मुझे दोनों समय का इकट्ठा कच्चा सामान तौलकर दिया जाने लगा वह इस प्रकार था–

पाँच छटाँक दूध।
तीन तोले चावल–(बाद में इनकी मात्रा 5 तोले हो गयी)।
एक छटाँक आलू–जो संख्या में अधिकतर एक होता था।
दो छटाँक दाल।
आधी छटाँक बूरा (मीठा)।
सवा सेर लकड़ी।
छह छटाँक आटा।
चौथाई छटाँक नमक।
आधा छटाँक मिर्च-मसाला।
आधा तोला चाय।

आधी छटाँक थी और बाद में दो छटाँक सूजी भी मिलने लगी। पर यह

समझ में नहीं आया कि यह क्यों दी जाती थी। पूछने पर पता लगा कि ऊपर से ऑर्डर आया है। इसी हिसाब से 'बी' क्लास में भी खाना जाया करता था। यदि कोई स्वास्थ्य ख़राब हो जाने की वजह से खाना बन्द कर दे तो डॉक्टर की आज्ञा से उसी हिसाब से खाने के बदले दूध या और चीज़ें मिलने लगती थीं।

सजा के अन्तिम दो मासों में जब मेरा स्वास्थ्य ख़राब था, तब ऊपर के सामान के बदले निम्न चीज़ें मिलने लगीं–

तीन पाव दूध।
एक डबल रोटी।
आधा औंस मक्खन।
एक छटाँक आलू।

'सी' क्लास वालों का भोजन बहुत ज़्यादा बुरा होता था। उन्हें घी की जगह तेल मिलता था। रोटियाँ आधी जली, आधी कच्ची रहती थीं। आटे में रेत की तो कुछ हद ही नहीं होती थी। कभी-कभी हम लोग शाम को दो रोटी और सब्ज़ी 'सी' क्लास वालों की ले लिया करती थीं। उनके विषय में मैं तो केवल इतना ही कह सकती हूँ कि सिवाय खाने वाले के दूसरा कोई भी इसका अनुमान नहीं कर सकता। शाक में प्रायः तेल कच्चा डाल दिया जाता था। मिर्चें इतनी होती थीं कि खाया ही न जा सके; रोटी और सब्ज़ी दोनों में ही रेत होता था। यों तो जेल-डॉक्टर को आज्ञा होती थी कि वह सब्ज़ी चढ़ने के समय अपनी आँखों से सब देखे, पर ऐसा कभी होता ही न था। डॉक्टर साहब ने कम्पाउंडर पर डाल दिया; सैकड़ों क़ैदी और बेचारा एक कम्पौण्डर; वह दवाई बाँटे या खाना पकता देखे। फल यह होता था कि दोनों ही बात रह जाती थीं; न रोगियों को ठीक औषधि ही मिलती और न खाना ही सफ़ाई से बनता था। हाँ जब कोई अफ़सर जेल-निरीक्षण के लिए आता था, तब ज़रूर डॉक्टर साहब जाकर देख आते थे।

नियमानुसार जेल के बाग़ में जो सब्ज़ी पैदा हो, वह जेल के क़ैदियों को मिलनी चाहिए, पर जेल के क़ैदियों की विशेषकर 'सी' क्लास वालों की शिकायत थी कि बाग़ में पैदा हुई सब्ज़ी जेल के कर्मचारियों को भेंट हो जाती थी। मैं नहीं कह सकती कि यह बात कहाँ तक ठीक थी पर कहा जाता था कि जब कभी 'सी' क्लास में गोभी के फूल बनने को जाते तो रसोईघर तक पहुँचते-पहुँचते फूलों की जगह पत्ते ही रह जाते थे और मोटे-मोटे डण्ठल गोभी के नाम से क़ैदियों को खाने के लिए मिलते थे। कोई भी दाल बने, सभी का रंग काला होता था; रोटियाँ जली हुईं और कच्ची; दोनों ही बातें एक साथ होती थीं। इसका कारण शायद यह था कि सुबह से पका-पकाकर रोटियाँ एक-दूसरे के ऊपर दबाकर रख

दी जाती थीं। वे पक्की और जली होने पर भी गल जाती थीं। सब्ज़ी में कच्चा तेल डालने का कारण शायद यह था कि यदि आरम्भ में तेल डाला जावे तो मिक़दार के मुताबिक़ पूरा डालना पड़ता है और अगर सारा डालना पड़े तो कई लोगों को रोज़ की मालिश रह जावे और तेल से होने वाले दूसरे कार्य कैसे हो सकें। इसलिए तेल अन्त में डाला जाता है, वह कच्चा तो रहता है, पर दीखता अधिक है। तीसरी बांत रोटी में रेत होने की है, उसका कारण तो और भी स्पष्ट है। प्रत्येक क़ैदी को तौलकर रोटी दी जाती है; प्रायः हिसाब से पाँच ही रोटियाँ प्रत्येक के हिस्से में पड़ती हैं। जो लोग साधारण काम करते हैं, उनकी बात जाने दो, पर जिन्हें सोलह-सोलह सेर आटा रोज़ पीसने को मिलता हो, उनका पेट इन हलकी-हलकी पाँच-पाँच रोटियों से कैसे भर सकता। इसलिए वे लोग भूख की ज्वाला को शान्त करने के लिए पीसते समय कच्चा आटा खा लेते हैं, पर उन्हें पीसकर वापस देते समय पूरा आटा देना होता है, उसको पूरा करने के लिए वे रेत मिला देते हैं। फिर इसी नुसख़े को वार्डर और जेल के सिपाही भी काम में ला सकते हैं। जितना आटा लेना हुआ उतना ही रेत डालकर तोल पूरी कर दी। इस प्रकार जेल की रोटियों में रेत होने की आम शिकायत बनी रहती है। जेल की सब्ज़ी जिसे 'भुजिया' कहा जाता है, अपने ढंग की अनूठी चीज़ होती है, उसका स्वाद चखने से ही ताल्लुक़ रखता है, वह लेखनी का विषय नहीं।

# जेल में श्रेणी-भेद

अमर शहीद प्रातः स्मरणीय श्री यतीन्द्रदास के अनुपम बलिदान का यह फल हुआ था कि एक बार पत्थर-हृदय भारत सरकार का भी ध्यान इस ओर आकर्षित हुआ कि जेल में सड़ने वाले राजनीतिक क़ैदियों के साथ पशुओं का-सा व्यवहार न हो। बहुत-सी जाँच-पड़ताल होने के बाद यह फ़ैसला हुआ कि साधारण क़ैदियों के अतिरिक्त अच्छी स्थिति रखने वाले राजनीतिक क़ैदियों को 'ए' और 'बी' क्लास में रखा जावे। उपर्युक्त दोनों क्लासों में क़ैदियों को कुछ सुविधायें देने के लिए कुछ नियम भी बना दिये गये। अब इतने दिन के अनुभव के पश्चात् कहा जा सकता है कि इसमें भी भेद का कितना दुष्परिणाम हुआ है। और सरकारी कर्मचारियों ने इस प्रेमी भेद के द्वारा अपनी फूट डालने वाली नीति से अच्छी तरह काम लिया है।

यह कहने की आवश्यकता नहीं कि पिछले सत्याग्रह संग्राम के दिनों में कई बार अत्यन्त प्रतिष्ठित लोगों को 'बी क्लास' ही नहीं, 'सी' क्लास कर दी गयी, दर्जनों इसके उदाहरण दिये जा सकते हैं। कई अफ़सरों ने समझा था कि इस प्रकार अनुचित श्रेणी-भेद करने से सत्याग्रहियों के हृदयों में अवनय क्षोभ उत्पन्न होगा, इतना ही नहीं, जेल के अन्दर 'सी क्लास' के सत्याग्रहियों को बार-बार भड़काया जाता था कि तुम लोग 'क्लास सी' में सड़ रहे हो, तुम्हारे लीडर 'ए' और 'बी क्लास' में मौज उड़ाते हैं। कई बार अनेक जेलों में 'ए' और 'बी क्लास' के सत्याग्रहियों ने केवल इस दृष्टि से कि वे भी 'सी क्लास' वालों के कष्टों का अनुभव कर सकें, 'सी क्लास' में अपने को बदलवाने के लिए प्रार्थना-पत्र दिये परन्तु इन प्रार्थना-पत्रों को स्वीकार करना भी जेल के अधिकारियों के हाथ में ही होता और प्रायः यह प्रार्थना-पत्र स्वीकार नहीं किये जाते थे।

साथ ही यह न समझ लेना चाहिए कि 'ए' और 'बी क्लास' वालों को वे सब सुविधायें प्राप्त थीं जो उन्हें जेल-मैनुएल के अनुसार मिलनी चाहिए, उन सुविधाओं का देना सर्वथा जेल के कर्मचारियों पर निर्भर होता था, किन्हीं जेलों

में पर्याप्त सुविधायें और किन्हीं में बहुत कम। और कभी सुविधायें मिल भी गयीं तो कभी बन्द कर दी गयीं।

जब मैं पहले जेल में पहुँची तो मैंने लिखने के लिए काग़ज़ माँगा। 'ए क्लास' वालों को लिखने के लिए काग़ज़ मिल सकता है, पर मुझे, बहुत दिन तक बहुत-सा झगड़ा-बखेड़ा होने के बाद काग़ज़ मिला, एक बार तो जेलर ने मुझे यही सूचना भेज दी कि महीने में केवल दो बार ख़त लिखने को काग़ज़ मिलेगा और कोई काग़ज़ नहीं मिल सकता। परन्तु अन्त में मुझे लिखने के लिए एक कापी दे दी गयी।

पर साथ ही यह भी उचित ही होगा यदि मैं उस सुविधा का भी उल्लेख कर दूँ जो जेल के सुपरिंटेंडेंट कर्नल रहमान ने मुझे दी थी, जुलाई और अगस्त में मेरठ की गरमी का अनुमान किया जा सकता है। उन दिनों मुझे बैठक के अन्दर बन्द कमरे में सोना पड़ता था, सुपरिंटेंडेंट को मेरे ऊपर दया आ गयी, उन्होंने मुझे घर से मिट्टी के तेल से चलने वाले पंखे को मँगाने की आज्ञा दे दी, यही एक विशेष कृपा का उदाहरण है जो मुझे अपने जेल-जीवन में प्राप्त हुई। यद्यपि उस पंखे से मुझे कोई लाभ नहीं हुआ; क्योंकि उसकी आवाज़ और बदबू से नींद में बाधा पड़ती थी और वह कभी भी अकस्मात् बन्द हो जाता था, इसलिए मुझे उसका उपयोग बन्द ही करना पड़ा।

'ए' क्लास में एक और भी कठिनता होती थी। हरेक चीज़ के लिए कह दिया जाता था कि अपने घर से मँगा लो, हम लोगों के लैम्पों में भी पर्याप्त तेल नहीं भरा जाता था।

हमारी बैरक में तो एक और भी विशेष कष्ट था कि जिस बैरक में हम लोग रहते थे, उसमें कबूतरों के भी अनेक घर बने हुए थे। जिन लोगों ने 'सी क्लास' की बैरक देखी हैं, वे हमारी बैरक का अन्दाज़ कर सकते हैं, ऐसी बैरकों में घोंसला बनाने को बहुत स्थान रहते हैं। ऊपर शहतीरों और बीमों पर कबूतरों के घोंसले और ठीक उनके नीचे हमारे बिस्तर रहते थे। बैठने को कोई और जगह तो थी ही नहीं, बस हर समय हम लोगों को कबूतरों की बीटों का उपहार मिलता था। कभी किसी का घोंसला गिर पड़ता तो नीचे या तो हम और या हमारा बिस्तर तमाम तिनकों और फूटे हुए अण्डों से ख़राब हो जाते थे। कभी तो ठीक सिर के ऊपर बीट आकर गिरती थी। हम लोगों के सामान में से रजाई से लेकर पहनने तक के कपड़ों से कोई चीज़ ऐसी न थी जिसे हमें बीट की वजह से धोना न पड़ा हो। हम लोग परेड के दिन सुपरिंटेंडेंट से बराबर कहते थे पर कोई फल न हुआ। इसी बीच एक बार कलेक्टर साहब भी बैरक देखने आये।

मैंने उनको अपने कपड़े जो उनके आने से शायद दो या तीन मिनट पहले ख़राब हुए थे, दिखाये तो कलेक्टर ने मुझसे कहा—हम अगर जेल खर्च में कुछ गुंजाइश देखेंगे तो छत पर टाट या चटाई लग जायेगी।

लेकिन मेरे बाद में भी जो बहनें वहाँ रहीं और जब वे अपनी क़ैद के दिन समाप्त करके वापस आयीं तो मैंने उनसे यही सुना कि छत पर चटाई आदि कुछ नहीं लगी। यह तो 'ए' और 'बी क्लास' के रहने वालों की हालत थी, इसी से अनुमान किया जा सकता है कि बेचारे 'सी क्लास' वालों का क्या हाल होता होगा। मेरठ डिस्ट्रिक्ट जेल में रहने वाले 'सी क्लास' के भाइयों की अवस्था को ठीक नहीं तो कुछ-न-कुछ मैं जानती हूँ। प्रत्येक छोटी माँग को पूरा करवाने के लिए भूख-हड़ताल की ज़रूरत होती थी। 'ए' और 'बी क्लास' वालों की भूख-हड़ताल तो कुछ फायदेमन्द भी रहती थी, पर 'सी क्लास' में भूख-हड़ताल करना भी अपने मुँह से तनहाई या बेड़ी माँगना होता था।

मुझे याद है कि गढ़मुक्तेश्वर के मेले थे, हर साल की तरह इस बार भी बीस-पच्चीस स्त्रियाँ मेले में से चोरी के सन्देह में पकड़कर जेल में लायी गयी थीं; जेल के स्त्री-वार्ड में एक ही पाखाना बना हुआ था; स्वभावतः उसमें गन्दगी बढ़नी थी, मैंने जेलर साहब से कहा—मेरे लिए एक दूसरा प्रबन्ध करवा दीजिये। लगातार चार दिन जब कहते हुए हो गये और कोई प्रबन्ध न हुआ, तब अन्त में तंग आकर मैंने वार्डर के द्वारा जेलर साहब को कहलवाया—'आज ही शाम तक कुछ-न-कुछ प्रबन्ध करवा दें नहीं तो मैं भूख-हड़ताल निश्चय ही कर दूँगी। जिसके उत्तर में जेलर ने कहलवाया—अगर आप ऐसा करेंगी, साहब आपको ट्रांसफर कर देंगे। मैंने कहा अच्छी बात है, मैं अभी से भूख-हड़ताल की सूचना देती हूँ, जेलर को यकीन हो गया कि अवश्य ही भूँख हड़ताल होगी। इसलिए उसी शाम को नये पाखाने का प्रबन्ध करवा दिया गया।

'ए' क्लास में होने का एकमात्र लाभ जो मुझे पता लगा, सिर्फ़ यह था कि मैं महीने में दो बार पत्र लिख सकती थी और दो बार मेरी मिलायी होती थी। ख़ासकर आरम्भ के तीन महीनों में जब मैं अकेली थी, मेरे लिए ये दोनों बातें अधिक महत्त्वपूर्ण थीं।

सब बातों को देखते हुए मेरी यह निश्चित सम्मति है कि यह श्रेणी-भेद हमारे लिए अत्यन्त हानिकारक और नैतिक दृष्टि से भी अनुचित है। शिक्षित लोगों के 'ए' और 'बी' क्लास में चले जाने के कारण 'सी' क्लास के क़ैदियों के कष्ट की कोई सीमा नहीं रहती और कई बार उनको, जैसा कि ऊपर कहा गया है, भड़काया भी जाता है। ऐसी हालत में यदि उनमें असन्तोष हो जाये तो कोई आश्चर्य नहीं।

कहा जाता है कि जो लोग बाहर भिन्न-भिन्न स्थिति में रहते हैं, यदि उन्हें जेल के अन्दर एक ही ढंग से रहना पड़े तो कितनी बड़ी कठिनता होगी। यदि 'ए' और 'बी' क्लास तोड़ दी जावे तो क्या ऊँची स्थिति में आराम से रहने वाले लोग 'सी' क्लास में रह सकेंगे? इन बातों का उत्तर तो स्पष्ट ही है। यदि सब लोग एकसाथ ही रखे जायेंगे तो 'सी क्लास' वालों की दशा अब से बहुत उत्तम होगी। उनके साथ जो पशुवत् व्यवहार किया जाता है, वह असम्भव हो जायेगा। एक भाव है जो कई बार मेरे मन में आता रहा है। कांग्रेस ऐसे स्वराज्य की कल्पना कर रही है जिसमें अमीर-ग़रीब का भेद-भाव बहुत हद तक मिट जायेगा, जिसमें अमीर-ग़रीब दोनों के खाने-पीने, रहने-सहने की समान सुविधायें प्राप्त होंगी। यदि जेल को स्वराज्य का मार्ग समझते हैं तो क्या यह उचित नहीं कि जेल में हम भाई-भाई की इस समानता की एक झलक देख सकें?

यह आवश्यक है कि कांग्रेस की ओर से श्रेणी-भेद तोड़ने के लिए ज़बरदस्त आन्दोलन किया जावे।

# जेल से मेरी मुक्ति

रोज़ सुनती थी कि ज्वर आने के कारण मुझे शीघ्र छोड़ दिया जायेगा। पाँच महीने भी व्यतीत हो चुके थे। और यह भी सुना था कि निवाड़ बुनने के कारण कुछ दिन की छूट भी मिलेगी, पर किस दिन छोड़ा जायेगा, इसका मुझे कुछ पता न था। एक दिन परेड के समय प्रातः ही मेरा हिस्टरी टिकट* माँगा गया। मैंने देखा उस पर मेरी रिहायी की तारीख़ दो जनवरी पड़ी हुई थी। उसे काटकर 6 जनवरी कर दी गयी।

कौन ऐसा होगा, जिसे अपने घर जाने की आकांक्षा न हो और अपने मित्र तथा सम्बन्धियों से मिलने की इच्छा न हो। मनुष्य का स्वभाव है कि वह कभी भी एक अवस्था में सन्तुष्ट नहीं रहता, अच्छी-से-अच्छी जगह में भी लगातार रह चुकने के बाद एक दिन ऐसा समय आता ही है जब उसी स्थान को छोड़ने के लिए व्याकुल होने लगता है और फिर अपना घर चाहे वह कितना भी बुरा हो, एक टूटा-फूटा झोंपड़ा ही हो, किसी महल में रहते हुए भी मनुष्य उसके लिए पागल हो उठता है। यह कहावत है—"East or west, home is the best". उन दिनों यह मुहावरा मुझे इतना पसन्द था कि मैंने अपने तकिये के गिलाफ़ के एक कोने में भी इसे काढ़ ही डाला। मेरे सामने तो उस समय दुनिया की सबसे ज़्यादा ख़ूबसूरत और प्यारी चीज़ों में मेरा घर था। एक देवता के मन्दिर की तरह मैं उसके दर्शन के लिए उत्सुक होने लगी। मैं सोचती कि मेरे छूटने के समय मुझे कैसे बुलाया जायेगा, मेरे मित्र, मेरे सम्बन्धी द्वार पर मेरी प्रतीक्षा करते होंगे, मैं द्वार पर जाऊँगी, इस जेल की चारदीवारी के बाहर! आह, तब मेरे साथ कोई सिपाही न होगा! मैं सड़कों पर बिना लाल पगड़ी वाले रक्षकों के घूम सकूँगी।

कभी-कभी मैं सोचती कि मेरी हालत क्या उस चिड़िया से कुछ कम होगी जो पिंजरे के अन्दर बन्द है और फिर भी वह उसी पिंजरे में घूम-घूमकर अपने बाग़ का, उसी घोंसले का, जिसे उसने छोटे-छोटे तिनकों को कई दिन तक मुँह

---

* हरेक क़ैदी का एक 'हिस्टरी टिकट' उसकी जेल-जीवनचर्या के रूप में रखा जाता है जिसमें उनके काम का, इनाम का, दण्ड और बीमारी आदि का हाल अंकित किया जाता है।

से उठा-उठाकर एक पेड़ की सूखी शाख़ पर बनाया था, मार्ग खोजा करती है, पर क्रूर ब्याघ उसे हर समय संकल लगाकर अकेले छटपटाने के लिए छोड़ देता है, उस समय मुझे कवि इक़बाल का यह गीत याद आता था—

आता है याद मुझको, गुज़रा हुआ जमाना।
वह झाड़ियाँ चमन की, वह मेरा आशियाना॥
वह साथ सब के उड़ना, वह सैर आसमाँ की।
ठण्डी हवा के पीछे, वह तालियाँ बजाना॥
अरमान है यह जी में, उड़कर चमन में जाऊँ।
टहनी से घुल के बैठूँ, आज़ाद हो के गाऊँ॥
बेरी की शाख़ पर हो, वैसा ही फिर बसेरा।
उस उजड़े घोंसले को, फिर जाके मैं बसाऊँ॥...पर...

आख़िर वह दिन भी आया लेकिन मैं बेख़बर थी, क्योंकि मुझे तो छह तारीख़ का इन्तज़ार था। पर उस दिन तो तीन ही तारीख़ थी, मैं ही क्यों शहर के लोग और यहाँ तक कि मेरे घर वाले भी इससे अनभिज्ञ थे।

बहन कमला जी बीमार थीं। कोई 9 बजे होंगे, हमारी बैरक के सामने धूप आ गयी थी। वहीं उनका बिस्तर बिछाकर मैंने उन्हें लिटाया ही था कि द्वार खड़का। द्वार खोलकर जमादार ने अपने पुराने ढंग से कहा, 'उर्मिला जी चलिये।' बीमार रहने की वजह से मैं सप्ताह में इसी दिन प्रायः इसी समय पर हस्पताल जाया करती थी। पर आज 11 दिन हो गये थे, मेरे कहने पर भी मुझे हस्पताल नहीं भेजा गया। मैंने समझा वहीं के लिए बुला रहे हैं। मैंने कहा, "जब मुझे तकलीफ़ थी, तब तो भेजा नहीं, आज मैं नहीं जाती। अब तो एक बार घर जाने के लिए ही बैरक से बाहर निकलूँगी।" वार्डर ने कहा, "हाँ, घर के लिए ही तो बुला रहा हूँ।" मुझे अपने कानों पर विश्वास न हुआ। मेरी बहनों ने एक साथ कहना शुरू किया, "लो, आज तुमने हमारा साथ छोड़ दिया..." वार्डर ने कहा, "जल्दी करिये, आपका नौकर दरवाज़े पर खड़ा है।" मैं और भी हैरान हुई; क्या सारे घर में से मेरा नौकर ही मुझे लेने को आया है; मैंने धड़कते हुए दिल के साथ उससे पूछा कि क्या और कोई नहीं आया? वार्डर ने कहा, "कोई नहीं और वह नौकर भी तो आपके मैले कपड़े लेने आया था। उसे भी यह क्या पता था कि आज आप छूटेंगी। पर साहब ने कहा कि आपको आज ही छोड़ दिया जावे।"

पूरे साढ़े पाँच मास जिस बैरक में, जिन दीवारों के भीतर व्यतीत किये थे, जहाँ आधी गर्मी, पूरी बरसात और उसके बाद आधे जाड़े के दिन व्यतीत किये थे, वहाँ अब मुझे घड़ी भर भी खड़े होने की आज्ञा नहीं थी। मुझे पता नहीं किस तरह मेरा बिस्तर और बक्सा बन्द हो गया हाँ मुझे, याद है ठीक दस मिनट के

अन्दर ही एक और व्यक्ति भी यही सन्देश देने मेरे पास आ पहुँचा। मेरी बहनों ने हँसते-हँसते मुझे विदा किया, मैं बैरक से बाहर द्वार तक आयी, सिपाही और वार्डरों से घिरा हुआ बड़ा लोहे का द्वार बन्द था। हाँ, बाहर मेरा नौकर गोवर्धन खड़ा मेरी प्रतीक्षा कर रहा था। वार्डर ने कहा, "आप दफ़्तर में चलिये। साहब बुलाते हैं।" वार्डर के साथ मैं ऊपर दफ़्तर में पहुँची।

सुपरिंटेंडेंट ने पूछा, "क्या हाल है?"

मैंने कहा, "अच्छा है।"

सुपरिंटेंडेंट, "आज आप बाहर जायेंगी?"

मैंने कहा, "जी हाँ, ख़ैर देखें फिर कब इधर आना हो।"

आश्चर्य से सुपरिंटेंडेंट ने कहा, "क्या बोला, फिर आइयेगा इधर जेल में?"

मैंने नीचे उतरते हुए कहा, "शायद...।"

मैं नीचे चली आयी, मेरे साथ ही नायब जेलर भी उत्तर आया। मुझसे कहा गया, "अभी यहीं ठहरें, सामान चैक होने के बाद आपको जाना होगा।" जेल के कर्मचारी आते और उधर से निकल जाते। लगभग एक घण्टा खड़े रहने के बाद तंग आकर मैंने नायब जेलर से कहा कि अगर आपको अभी फ़ुरसत नहीं तो मुझे फीमेल वार्ड में भेज दिया जावे। जब ख़ाली होंगे तब देख लेना। मैं कह ही रही थी, तभी दफ़्तर का काम खत्म करके सुपरिंटेंडेंट नीचे उतरे। मुझे इस तरह खड़े देखकर उन्होंने जेलर से कहा, "इन्हें जाने क्यों नहीं दिया जाता?" जेलर ने कहा, "अभी इनका सामान देखा जायेगा।" सुपरिंटेंडेंट ने पास पड़ी हुई एक कुर्सी की ओर इशारा करके कहा, "आप यहाँ बैठ जाइये।" इतना कहकर सुपरिंटेंडेंड तो चले गये। जेलर ने मेरा सामान अपने दफ़्तर में मँगा लिया। एक नम्बरदार ने मेरा बिस्तर खोला, दूसरे ने बॉक्स, प्रत्येक चीज़ को कई बार झाड़-झाड़कर देखा गया। वहाँ था ही क्या जो नज़र आता। मेरे पास प्रोफ़ेसर जी की और एक छोटी लड़की की तस्वीर थी। इसके अतिरिक्त जेलवालों के द्वारा आयी हुई प्रोफ़ेसर जी की चिट्ठियाँ थीं। वह सब चिट्ठियाँ और चित्र मेज़ पर रखवा लिए गये।

मेरे पास एक और कापी भी थी, जिस पर कभी मैं कुछ लिख लिया करती थी। किसी पुस्तक में से कोई ख़ास नोट करने योग्य मैं इसी कापी में नोट कर लेती थी। पर उसमें कोई ऐसा साहित्य न लिखा गया था, जो बाहर जाने लायक़ न हो। अधिकतर रवीन्द्रनाथ टैगौर के ही उद्धरण लिखे हुए थे और वह भी शायद आठ-दस पृष्ठों से ज़्यादा न होंगे। अधिकतर उस कापी के पृष्ठ अर्ज़ी लिखने का काम देते थे, पर शायद मुझे तंग करने के लिए यह भी मेज़ पर रखवा ली गयी। पूरे एक घण्टे या उससे भी अधिक समय में मेरी तलाशी का खेल समाप्त

हुआ। चित्र तो चुपचाप वापस कर दिये गये, पर पर्चों को देने से जेलर ने इनकार कर दिया, मैंने उसका कारण पूछा—तो जेलर ने कहा—आपको इन्हें सँभालकर न रखना चाहिए था। मैं बड़ी हैरानी में पड़ गयी। पर्चों पर सुपरिंटेंडेंट के हस्ताक्षर थे और वे पत्र जेल के द्वारा ही आये थे। आज उन्हें रोकने का मतलब क्या था? नियमानुसार पत्र रोकने का इस समय जेलर को कोई हक़ नहीं था, पर जेलर ने बार-बार यही कहा कि "साहब से पूछकर पत्र लौटाए जावेंगे।" मैं बड़ी कठिनता में पड़ गयी। पत्र मिल नहीं रहे थे और मेरा दिल पत्रों को छोड़ घर जाने को चाह नहीं रहा था। ये वही पत्र थे, जिनका मैंने एक धार्मिक पुस्तक के स्वाध्याय की तरह जेल में रोज़ पाठ किया था। मेरे जेलवाले घर की यही तो बहुमूल्य सम्पत्ति थी। जेलर ने कहा, "आप फ़िक्र न करें, मैं इन्हें सँभालकर रखूँगा। और यदि साहब आज्ञा दे देंगे, तो आपको भेज दिये जावेंगे, नहीं तो यकीन रखें, मैं इन्हें जला दूँगा।" अन्ततः मुझे पत्र वहीं छोड़कर दफ़्तर से बाहर आना ही पड़ा। पूरे साढ़े ग्यारह बजे जेल का बड़ा फ़ाटक खुला। जेलर ने कहा, "अच्छा मिसेज शास्त्री, हमारी ग़लतियाँ माफ़ करना।" जेलर भी मेरे साथ दरवाज़े तक बाहर आये। द्वार के बाहर एक ताँगा खड़ा था। जेलर ने कहा, "इस ताँगे पर सामान रखकर आप जा सकती हैं।" एक ताँगे पर पलंग, बक्सा, बिस्तर और मैं सब कैसे जाते? संयोगवश उसी समय एक शहर की गाड़ी आ पहुँची। मैं उसी में बैठ गयी। जेलर ने कहा—ख़ुदा हाफ़िज़ है....मेरी गाड़ी घर की ओर चल दी। रास्ता वही था, जिसे बन्द लॉरी में आठवें दिन हस्पताल आते हुए कई बार देखा था। पर आज उसमें एक नवीन सुन्दरता और आकर्षण दिखायी देने लगा। मैंने बाहर की ओर देखकर सोचा कि क्या मैं सचमुच घर की ओर जा रही हूँ। जेल की तरफ़ से बिस्तर और खाट सहित आती हुई गाड़ी दूसरे ही लोगों की उत्सुकता पैदा कर रही थी। लोग दुकानों से उचक-उचककर देखने लगे। कइयों ने पहचाना, एक ने चिल्लाकर कहा उर्मिला जी छूट गयीं। एक लॉरी में कुछ यात्री चढ़ रहे थे, उन्होंने घूमकर देखा, कइयों ने कहा बहन जी नमस्ते। सीधी सड़क पर आ जाने से ही घर का बरामदा दीखने लगा, मैंने देखा, उसमें कुछ लोग खड़े हैं। बरामदे पर दृष्टि पड़ते ही मेरा हृदय उमड़ने लगा, मानो वह मेरे शरीर से निकलकर आगे बढ़ना चाहता हो। न जाने कितने भावों ने मुझे दबा लिया। मुझे पता न चला कि वह हर्ष था या क्षोभ था, चिन्ता थी, या उत्सुकता थी। वह न जाने कौन किस प्रकार का हृदय का अनिर्वचनीय भाग था। मैं क्षणभर के लिए बेसुध हो गयी, स्तब्ध-सी रह गयी, पाँच मिनट बाद मैंने देखा कि मैं उसी कमरे में बैठी हूँ, जहाँ छह मास पूर्व जेल जाने के लिए मेरा सामान तैयार किया जा रहा था।

परिशिष्ट-1

# महिलाओं का जेल-जीवन

—हंसा मेहता

(इस लेख की लेखिका श्रीमती हंसा मेहता ने इस लेख में बम्बई के आर्थर रोड जेल के अपने कुछ अनुभव बतलाए हैं। इसमें आपने 'ए', 'बी' तथा 'सी' तीनों श्रेणियों की महिला क़ैदियों की दशा का वर्णन किया है। आपने बतलाया है कि किस अमानुषिक रीति से केवल 9 महिलाओं के लिए नियत स्थान में छत्तीस-छत्तीस महिलायें ठूँस दी गयी थीं। 'स्त्री-जेल जाँच कमेटी' की एक ब्रिटिश महिला सदस्या से श्रीमती हंसा मेहता की जो बातचीत हुई थी, उससे नौकरशाही की हृदयहीनता और अविवेक का पता चलता है।)

(सं. चाँद)

संसार के इतिहास में हमारे गतवर्ष के स्वाधीनता संग्राम का एक विशिष्ट स्थान रहेगा। उसकी अहिंसात्मक युद्ध-प्रणाली संसार की एक अभूतपूर्व घटना कही जायेगी। हमारा स्वाधीनता संग्राम जीव के बदले जीव लेने का संग्राम न था। हमारे सैनिकों को आदेश मिला था कि वे आत्मरक्षा के लिए बिना उँगली तक उठाये अपनी जान दे दें। इस प्रकार मरने वाले देश के महान योद्धा हैं। इस शस्त्रास्त्रविहीन युद्ध की एक विशेषता यह भी थी कि वह भारतीय नारियाँ, जो कि इससे पूर्व अत्यन्त भीरु, अज्ञ और पददलित थीं, सहसा उठ खड़ी हुईं और आगे बढ़कर पुरुषों के साथ कन्धे-से-कन्धा भिड़ाकर संग्राम में मोर्चा लिया।

राष्ट्र की पुकार पर दौड़ पड़ने वाली इन भारतीय महिलाओं पर मुग्ध होकर एक यूरोपियन महिला ने कहा था, ''भारतीय महिलायें तो एक छलाँग में ही कई शताब्दियाँ पार कर गयी हैं।'' इस यूरोपियन महिला की प्रशंसा के साथ मैं भी अपनी उन सैकड़ों बहनों का अभिनन्दन करती हूँ जिन्होंने शताब्दियों के पुराने परदे को अलग फेंककर जातीय संग्राम में भाग लिया, जिन्होंने अपने कार्यों में

ग्रीष्म की प्रचण्ड तपन और वर्षा का विचार नहीं किया और जिन्होंने देश की स्वाधीनता के लिए बन्दी जीवन स्वीकार किया था।

सारे भारत से लगभग एक हज़ार स्त्रियाँ इस आन्दोलन में जेल भेजी गयीं। भारत के विभिन्न जेलों में रहकर प्राप्त हुए इनके अनुभवों का वर्णन अत्यन्त रोचक हो सकता है। प्रत्येक जेल की अपनी निराली ही कहानी है। परन्तु इस जेल में मैंने बम्बई के आर्थर रोड जेल में रहकर जो अनुभव प्राप्त किये हैं, उन्हीं का वर्णन किया है।

## जेलों में श्रेणी-भेद

जेलों की श्रेणी-भेद प्रथा पर बहुत कुछ कहा जा चुका है। इसलिए इस विषय पर कुछ विस्तारपूर्वक कहने की आवश्यकता नहीं है। मेरे विचार से सम्पूर्ण राजनीतिक बन्दी स्वयं ही एक विशिष्ट श्रेणी के हैं। उनमें ए, बी और सी के भेद की आवश्यकता नहीं है। उनके साथ साधारण क़ैदियों से भिन्न बर्ताव होना चाहिए। साधारण क़ैदी बी और सी श्रेणी में विभाजित किये जाते हैं। यूरोपियन तथा एंग्लो-इंडियन साधारण क़ैदियों को सदैव बी श्रेणी और हिन्दुस्तानी साधारण क़ैदियों को सदैव सी श्रेणी दी जाती है। इस प्रकार की तथा सी श्रेणी में रखे जाने वाले राजनीतिक क़ैदियों की स्थिति साधारण क़ैदियों के बराबर ही है। केवल ए क्लास के क़ैदी साधारण क़ैदियों से कुछ भिन्न समझे जा सकते हैं। उन्हें एक लोहे की चारपाई, एक चटाई, एक चद्दर, एक कम्बल, एक बाँसों से बँधी मसहरी, एक टेबल और एक कुर्सी दी जाती है। वे चाहें तो चादर अपने घर की भी रख सकते हैं, बाहर से भोजन मँगा सकते हैं और सप्ताह में एक बार धोबी से कपड़े भी धुला सकते हैं। एक बार में आठ पुस्तकें और सरकारी नीति के दैनिक पत्र भी उन्हें प्राप्त हो सकते हैं। ऐसे दैनिक पत्रों के अतिरिक्त मुझे 'पंच', 'सचित्र लण्डन न्यूज़' और 'इण्डियन सोशल रिफॉर्मर' मिला करते थे। लेकिन मुझे अब तक नहीं मालूम हो सका कि लन्दन का साप्ताहिक 'टाइम्स' किस कारण से रोक दिया गया था। ए क्लास के क़ैदी महीने में दो बार अपने सम्बन्धियों से मिल सकते हैं और उन्हें दो बार पत्र भेज और पा सकते हैं।

## 'बी' क्लास

'बी' क्लास के क़ैदियों को एक चटाई, एक चद्दर और एक कम्बल मिलता है। उन्हें एक बार में आठ किताबें और एक साप्ताहिक पत्र मिल सकता है। वे अपने सम्बन्धियों से महीने में एक बार मिल सकते हैं और उसी प्रकार महीने में एक

बार पत्र लिख और पा सकते हैं। उनका भोजन 'ए' क्लास से भिन्न रहता है और उन्हें बाहर से भोजन मँगाने का अधिकार भी नहीं रहता। आर्थर रोड जेल में स्त्री क़ैदियों को खाने की चीज़ें सुबह ही पहुँचा दी जाती थीं। दो डबलरोटियाँ, थोड़ा-सा मक्खन, शक्कर, दूध और चाय सुबह 8 बजे तथा आटा, दाल और तरकारी ग्यारह बजे तथा चार बजे दोपहर बाद फिर चाय और दूध मिलता था। 'बी' क्लास के क़ैदियों का भी यही दैनिक भोजन था। कभी-कभी एक ही तरह की तरकारी कई दिनों तक चलती रहती थी। शिकायत करने पर कहीं बदली जाती थी। सवेरे जो चीज़ें आ जाती थीं, वे वास्तव में उसी समय खाने के लायक़ न होती थीं, इसीलिए उन्हें रखे रहना पड़ता था, जिसके लिए कोई विशेष प्रबन्ध या स्थान न था। इससे खाने के समय वे बिल्कुल ठण्डी हो जाया करती थीं। रोटी काटने के लिए चाकू नहीं मिलता था। अगर भोजनशाला से वह कटवा भी ली जाती थीं तो उन पर मक्खन लगाने के लिए कोई चाकू न था। साधारण क़ैदियों को चाकू देना अवश्य ही आशंकाजनक हो सकता है परन्तु अहिंसात्मक राजनीतिक बन्दियों के हाथ में चाक़ू देने में सरकार न जाने क्यों डरती थी। परन्तु बात तो यह है कि जब चाय चलाने के लिए चम्मच भी न मिलता था तो कोई चाक़ू मिलने की आशा कैसे कर सकता है। और तो और, मुँह देखने का दर्पण भी भयानक वस्तु समझकर नहीं दिया जाता था। कठिन कारावास वाली स्त्री क़ैदी को जेल के ही वस्त्र पहनने पड़ते थे। इन वस्त्रों में एक साड़ी और एक 'बोडिस़' थी। काम उन्हें रस्सी बटने का मिलता था।

## सबसे कठिन स्थिति

'सी' क्लास की स्त्री क़ैदियों की हालत सबसे बुरी थी। उन्हें एक छोटी-सी चटाई और एक कम्बल मिलता था। उन्हें पढ़ने को न कोई किताब मिलती थी, न कोई समाचार-पत्र। वे अपने सम्बन्धियों से तीन माह में एक बार मिल सकती थीं और वह भी केवल दस मिनट के लिए। दूसरी श्रेणी वालियों को बीस मिनट का समय दिया जाता था। वे स्वयं पत्र नहीं लिख सकती थीं। जो कुछ वे अपने सम्बन्धियों को लिखाना चाहतीं, उसे वे बोल देतीं जिसे एक क्लर्क नोट कर लेता था। प्रतिदिन सुबह साढ़े छह बजे खाने को उन्हें नमकीन लपसी मिलती थी, फिर साढ़े दस बजे बाजरा और ज्वार की रोटियाँ तथा दाल मिलती थी। दोपहर के बाद चार बजे फिर रोटी और थोड़ी-सी गरम तरकारी मिलती थी। उनकी मुख्य मुसीबत यह थी कि उन्हें साधारण क़ैदियों के साथ ही रहना पड़ता था। साधारण क़ैदी बहुत ही निम्न श्रेणी के लोग हुआ करते थे। इनमें प्रायः वेश्यायें

और सड़कों पर भीख माँगने वाली हुआ करती थीं। ये सप्ताह में केवल एक बार रविवार को स्नान करती थीं। उसका भी यदि नियम न हो तो चाहे वे कभी भी स्नान न करें। अनुमान किया जा सकता है कि वे कितनी गन्दी होंगी। इन्हीं औरतों के साथ हमारे भले घर की राजनीतिक महिलाओं को उठना-बैठना पड़ता था। जेल सुपरिंटेंडेंट ने एक दिन मेरे सामने चिल्लाकर अपने अधीन कर्मचारी को आज्ञा दी थी कि साधारण तथा राजनीतिक क़ैदियों के साथ किंचित भी भेद न रखा जाये। अस्तु हमारे ख़याल में अगर औरतों में देश के लिए किसी ने कष्ट सहन किया है तो वह इन सी क्लास की औरतों ने। इन वीर महिलाओं का त्याग प्रशंसनीय है।

## ज़ेल के अन्दर जेल

आर्थर रोड जेल के अन्दर स्त्रियों का जेल, जेल के अन्दर जेल है। उनका वार्ड चारों ओर ऊँची-ऊँची दीवारों से घिरा हुआ है। इस वार्ड की चौहद्दी छोटी है। इसमें दो बैरकें बनी हुई हैं। एक बैरक में तीन कोठरियाँ हैं और हर एक कोठरी के साथ एक पाखाना तथा स्नानागार है। सी क्लास की स्त्री क़ैदियों के नहाने-धोने के लिए केवल एक सायबान है। दूसरी बैरक में दो कोठरियाँ हैं, जो दोनों कालकोठरियाँ हैं। आँगन में इतनी जगह न थी कि सब क़ैदी स्वच्छन्दतापूर्वक घूम-फिर सकें। बी और सी क्लास के क़ैदियों के लिए और भी अधिक प्रतिबन्ध थे। कारण यह था कि पुरुषों वाले बी क्लास का आँगन हमारे वार्ड से लगा हुआ था और उसके बैरक दोमंज़िले थे, इनमें ऊपर की मंज़िल में यूरोपियन क़ैदी थे, जिनमें अधिकांश निम्न श्रेणी के अपराधी थे। वे ऊपर से हमारे वार्ड के आँगन को अच्छी तरह देख सकते थे। हम लोगों की ओर आँगन में टहलते समय इन भयानक आदमियों का बराबर घूरते रहना बहुत ही भद्दा मालूम होता था। इसलिए बी तथा सी क्लास के क़ैदियों का उस ओर घूमना-फिरना बिल्कुल मना था। जेल में थोड़ा-सा टहल लेने के अतिरिक्त और दूसरा मन-बहलाव का उपाय ही क्या हो सकता है? इन लोगों की संख्या अधिक बढ़ जाने पर तो इस छोटी-सी जगह में घूमने-फिरने की कौन कहे आराम से फैलकर उठना-बैठना भी मुश्किल हो गया। तीन माह तक यही स्थान मेरा निवासस्थान रहा। अठारह फीट लम्बी और अठारह फीट चौड़ी कोठरी में मैं, श्रीमती पेरिन कैप्टन और श्रीमती लीलावती मुंशी तीन औरतें रहती थीं। पहले हम लोग सात बजे संध्या समय अपनी कोठरी में बन्द कर दी जाती थीं, परन्तु रविवार और छुट्टियों के दिन हम लोग तीन-चार बजे दोपहर बाद बन्द कर दी जाती थीं। हम लोगों की कोठरी प्रातः 6 बजे खुलती

थी। जैसे-जैसे दिन छोटे और रात बड़ी होती गयी, वैसे-वैसे हम लोगों के बन्द करने और खोले जाने के समयों में अन्तर होता गया।

## विविध प्रकार के अनुभव

अपने जेल-जीवन में मुझे विविध प्रकार के अनुभव हुए हैं। मैं इस छोटे-से लेख में उन सबका वर्णन नहीं करना चाहती। यहाँ पर मैं एक या दो घटनाओं का ही उल्लेख करूँगी। उतने से ही पाठक समझ सकेंगे कि मेरा जेल-जीवन कैसा था।

पहली घटना 9 सितम्बर की है। यह वही तारीख़ है जो प्रान्तीय व्यवस्थापक सभा के चुनाव के लिए नियत की गयी थी। कांग्रेस ने इस चुनाव के विरुद्ध बहिष्कार की घोषणा निकालकर एक जबरदस्त पिकेटिंग करने का निश्चय किया था। इस बहिष्कार में आकाश के देवता तक कांग्रेस का साथ दे रहे थे। वर्षा इतनी भीषण हुई कि सरकार को अपनी नियत स्थिति बदलनी पड़ी। ऐसी वर्षा कभी न हुई थी। ऐसा प्रतीत होता था मानो आकाश ही फट पड़ा है। हमारी कोठरी हवा के थपेड़ों और हवा के झकोरों का खुले रूप से आवाहन कर रही थी। दरवाज़ों से रहित लोहे की सलाखदार खिड़कियों से पानी बराबर अन्दर बहा आ रहा था। यहाँ तक कि छत भी टपकने लगी थी, जिससे कोठरी में जगह-जगह गड्ढे भर गये थे। संध्या आयी, परन्तु तूफ़ान उसी प्रचण्ड रूप से चलता रहा। आँगन में जल अलग एकत्र हो रहा था। वह एक भयानक रात थी। हम लोगों ने इस सम्बन्ध में अनेक भयानक घटनाओं की बातें कीं। हम लोगों को 1923 के जापानी भूकम्प की याद आयी। मैंने कुछ अपनी बीती जीवन की घटनाओं का भी वर्णन किया। उस समय मैंने यह नहीं विचारा कि आर्थर रोड जेल में भी एक घटना तैयार हो रही है। किसी प्रकार इस तूफान और जल के लगातार टप-टप में भी हम लोगों ने अपने सोने का प्रबन्ध किया। आधी रात के समय एक पपैया वृक्ष के भयानक ध्वनि के साथ भरे जल में गिरने का शब्द हुआ। सुबह हुई, परन्तु आकाश अभी भी मेघाच्छन्न था और वर्षा लगातार जारी थी। हमारी बैरक प्रलय जल के बीच एक टापू की तरह खड़ी थी। जल बढ़ता ही जा रहा था। अगर यह जल एक इंच भी और अधिक बढ़ जाता तो हमारी कोठरी बह जाती। पाखाने में अलग पानी भरा हुआ था और नालियाँ बेकार सिद्ध हो रही थीं। वरन् वे पानी को बाहर बहा ले जाने के बजाय अन्दर लौटा रही थीं इस प्रकार पानी हम लोगों को दोनों ओर से घेरता हुआ बराबर बढ़ा चला आ रहा था। साधारणतया कोठरी का दरवाज़ा खुलने का समय प्रातः 6 बजे हुआ करता था, परन्तु 10 सितम्बर को सबेरे 6 बजे के बाद घण्टे-पर-घण्टे बीतते चले

गये, परन्तु किसी खोलने वाले के दर्शन नहीं हुए। हम लोगों ने 'सी क्लास' के क़ैदियों से चिल्लाकर उनकी हालत पूछी। सौभाग्य से उनकी कोठरी भीगने से बच गयी थी। अगर कहीं उनकी छत भी टपकती होती और पानी खिड़कियों से अन्दर आता होता तो उन बेचारों को बड़ी कठिनाई का सामना करना पड़ता क्योंकि उनके पास तो बैठने को चारपाई या कुर्सी भी न थी। फिर भी वे बड़ी ही विपत्ति में थीं। अन्त में कोठरी खुलने की राह देखते-देखते थक कर हम लोगों ने कुछ चाय बनायी और बिना दूध ही के पी ली।

मैं चाय पीकर फिर से सोने का इरादा कर ही रही थी, इसी बीच पानी में कुछ छपछपाहट का शब्द सुन पड़ा। मैंने देखा दो आदमी ताला खोलने के लिए आये हैं। इस वक़्त ठीक 10 बजे थे। वे अपने साथ हम लोगों के लिए दूध, चाय, चीनी, रोटी और मक्खन भी लाये थे। कुछ स्त्रियों ने आकर अन्दर का भरा हुआ पानी बाहर किया और फिर हमारी कोठरी को सुखाने का प्रयत्न करने लगीं। हम लोगों का भोजन जो साधारणतया 11 बजे आ जाया करता था, 1 बज जाने पर भी नहीं पहुँचा। हम लोगों को भूख भी नहीं थी। मैंने और कैप्टन पेरिन ने उपवास करने का निश्चय कर लिया था, क्योंकि बिना स्नान किये, उस हालत में भोजन करने का विचार तक न उत्पन्न होता था। पाँच बजे शाम को जाकर कहीं जेलर साहब के दर्शन हुए। अधिकारियों को इस बात की क्या परवाह कि हम लोग बिल में बन्द चूहों की तरह डूब रही हैं।

### क़ैदियों की भीड़

दूसरी घटना जो घटी, यह दीपावली के बाद की थी, जबकि सरकार ने तमाम कांग्रेस तथा देश-सेविका संघ आदि संस्थाओं को ग़ैर-क़ानूनी घोषित कर दिया था। एक दिन प्रातःकाल सुपरिटेंडेंट महाशय आये और अपनी अधीनस्थ मैट्रन से कोठरियों में अधिक-से-अधिक क़ैदियों के रह सकने का प्रबन्ध करने के लिए कह गये। हम लोग अत्यन्त उत्सुकतापूर्वक युद्ध की अपनी सहयोगिनियों की प्रतीक्षा करने लगीं। तरह-तरह के अनुमान लगाये जाने लगे। सम्भव है, सरकार ने सब देश-सेविकाओं को पकड़कर जेल में बन्द कर देने का निश्चय कर लिया हो। परन्तु फिर भी विचार हुआ कि क्या इतने कम स्थान में वे सब बन्द की जा सकती हैं? सब देश सेविकाओं की तो बात दूर रही, अगर सरकार केवल सेविका संघ के नेताओं को भी पकड़ कर इतनी जगह में रखना चाहे तो न रख सकेगी। उस समय हम लोगों के वार्ड में दो 'ए क्लास', पाँच 'बी क्लास' और सात अराजनीतिक 'सी क्लास' की क़ैदी स्त्रियाँ मौजूद थीं। नियम के अनुसार

एक बैरक में 26 'सी क्लास' के क़ैदी रखे जा सकते हैं। दो काल-कोठरियों में रखे जा सकते हैं।

'ए क्लास' के तीन और 'बी क्लास' के 6 क़ैदी एक कोठरी में ठहराये जा सकते हैं। ए, बी और सी तीनों श्रेणियों को मिलाकर कुल 19 क़ैदी रखे जा सकते हैं। उस दिन शाम को पन्द्रह स्त्री कैदियों का जत्था आया। उनमें से 10 को ए तथा 5 को सी क्लास दिया गया। दो दिन में कुछ और आयीं। परिणाम यह हुआ कि हमारी कोठरी में तीन ए क्लास तथा 5 बी क्लास के क़ैदी मिलाकर आठ क़ैदी स्त्रियाँ हो गयीं। बीच की कोठरी में 10 बी क्लास के क़ैदी और सी क्लास की कोठरी में 12 क़ैदी स्त्रियाँ हो गयीं।

इस पर भी प्रत्येक काल-कोठरी में तीन-तीन औरतें और ठूँस दी गयीं। इस हिसाब से जहाँ नियम से उन्नीस क़ैदी स्त्रियाँ रह सकती थीं, वहाँ अब छत्तीस भर दी गयी थीं। यह दशा दस दिनों तक रही और ईश्वर जाने कब तक बनी ही रहती, अगर हम लोगों ने उसका विरोध न किया होता। अधिकारीगण हम लोगों की दशा पर विचार करते तो कम-से-कम कोठरियों के अन्दर सोने के बजाय दालानों में सोने का प्रबन्ध अवश्य करवा सकते थे। रविवार के दिन अन्य दिनों की अपेक्षा शीघ्र ही कोठरियों में बन्द कर देने की जो प्रथा थी, उसे हटवा सकते थे। स्त्रियों की जेल का निरीक्षण करने के लिए आयी हुई जाँच कमेटी की एक स्त्री सदस्या से मैंने जेल-अधिकारियों की इस पाशविक व्यवहार की शिकायत की थी। वह स्त्री सदस्या ब्रिटिश जाति की तथा एक सरकारी अफ़सर की स्त्री थी। स्वभावतः उसने सरकार को सम्पूर्ण दोषों से रहित प्रमाणित करने का प्रयत्न किया और उसके साथ ही हम लोगों को जेल आने की बुद्धि पर उपदेश भी दे डाला। मेरे विचार से सरकारी अफ़सरों की स्त्रियों का ऐसी कमिटियों में रखा जाना उचित नहीं है। कम-से-कम ऐसी कमिटियों में रहते हुए इन्हें क़ैदियों के साथ ऐसी बातों के करने का कोई अधिकार न होना चाहिए। उन्हें सरकारी कार्यों में कोई दोष कैसे दीख सकता है? मैंने इस स्त्री का ध्यान कोठरियों में नियम के विरुद्ध संख्या में क़ैदियों के भरे जाने की ओर आकर्षित किया। उसने कहा, "सरकार क्या करे, "अगर इतनी अधिक संख्या में स्त्रियाँ जेल जाना पसन्द करें।" मैंने कहा, "अगर सरकार उन्हें गिरफ़्तार कर जेलों में भेजना पसन्द करती है तो उसका कर्तव्य है कि वह जेलों में उनकी रहने की जगह के लिए भी प्रबन्ध करें।" मैंने कहा, "अगर जेलों में क़ैदियों को एक साथ ठूँस देने की नीति को सरकार संख्या की अधिकता के कारण उचित ठहरा सकती है तो कलकत्ते की कालकोठरी वाली घटना, अगर ऐसी घटना वास्तव में हुई हो तो

उचित ही ठहराई जा सकती है। उसने उत्तर में कहा, "अगर जेलों का व्यवहार इतना नापसन्द है, तो भले घर की महिलायें आती ही क्यों हैं?" मैंने उत्तर दिया, "यह बतलाने की किसी को आवश्यकता नहीं है। इस पर विचार करना न करना हमारा काम है। अपने देश के लिए हम लोग हर तरह की कठिनाई झेलने को तैयार हैं, परन्तु उस सरकार के लिए, जो अपने को सभ्य सरकार कहती है, हमारे साथ पशुओं से भी गया-बीता व्यवहार करना लज्जा की बात है। भले घर की स्त्रियों का जेल जाना कोई नयी बात नहीं है। अनेक भले घर की ब्रिटिश महिलायें अपने वोटाधिकार के युद्ध में जेल जा चुकी हैं।" उसने कहा, "हाँ, जा चुकी हैं, परन्तु क्या आपको मालूम है कि कितना बुरा व्यवहार उनके साथ किया गया था?" मैंने कहा, "परन्तु महिलाओं के साथ किया गया वह बुरा व्यवहार इंग्लैण्ड के लिए कोई गौरव की बात नहीं है।" उसने कहा, "ऐसे व्यवहारों के परिणामस्वरूप अधिक स्त्रियाँ जेल जाना पसन्द न करेंगी।" वास्तव में ब्रिटिश जाति कितनी हृदयहीन है, जो समझती है कि जेल-यातनाओं से डरकर क्रान्ति की जाग्रत भावना दब जायेगी।

## सन्दर्भ

1. हंसा मेहता : 'चाँद', सितम्बर 1931, पृ. 603-607

परिशिष्ट-2

# सत्याग्रह संग्राम में एक वीरांगना का भाग

(श्रीमती उर्मिला देवी शास्त्री का जीवन-चरित्र)

–यतीन्द्र कुमार

आज से बाईस वर्ष पूर्व बंग-भंग के आन्दोलन ने गुलामी की ज़ंजीर में जकड़े हुए परतन्त्र भारत को एक नयी विचारधारा में ढालकर सजग कर दिया। लार्ड कर्जन का एक प्रान्त को भंग करने का प्रयत्न राष्ट्र की तमाम शक्तियों को एकत्रित कर एक राष्ट्र की नींव डाल गया। बायकॉट और सत्याग्रह के अमोघ अस्त्रों ने भारतीयों के हृदय में वह लहर बहा दी कि आज कोई पशुबल से उन्मत्त राष्ट्र उसे उपेक्षा की दृष्टि से नहीं देख सकता।

आज देश का बच्चा-बच्चा आज़ादी के लिए दीवाना नज़र आता है। राष्ट्र की तमाम ताक़तें केन्द्रीभूत होकर सफलता के लिए व्याकुल हैं। भोगवाद के लिए अन्ध-विश्वासी भारतीयों से इतनी आशा किसे थी कि वे स्वयं इतने कष्ट सहिष्णु बनकर इस कठिन संग्राम में जुट पड़ेंगे? सबसे आश्चर्य की बात इस संग्राम में यह हुई है कि अन्धविश्वास और रूढ़िवाद की उपासिका स्त्रियाँ भी पुरुषों के साथ कंधे से कन्धा भिड़ाकर काम कर रही हैं। जिन्हें पुरुष समाज अबला कहकर पुकारता था, जो शृंगार तथा मन-बहलाव की चीज़ समझी जाकर पर्दे में बन्द रक्खी जाती थीं, वे ही आज पुरुषों के साथ-साथ और कहीं-कहीं उनसे भी आगे बढ़कर, भारत की राजनीतिक प्रगति में भाग ले रही हैं। कोमल कलेवरा बहनें आज भद्दे और खुरदरे खद्दर को धारण करके मैदान में पहुँच गयी हैं। जिधर देखिए, वे प्रगति के पथ पर नज़र आ रही हैं। किसी भी स्थान पर वे पुरुषों से पीछे रहना उचित नहीं समझतीं। कहीं उनके द्वारा धरना दिया जा रहा है, कहीं जुलूस निकल रहे हैं, कहीं व्याख्यान दिये जा रहे हैं और कहीं-कहीं जेल मन्दिर की यात्रा भी हो रही है। सारांश यह है कि आज स्त्री-समाज जगकर भविष्य में होने वाली क्रान्ति की सूचना दे रहा है। भारत का आधुनिक स्त्री-समाज विलास के सभी साधन और पुराने ज़माने से आते हुए कुसंस्कारों का त्याग कर स्वतन्त्रता के यज्ञ में

जो आहुति दे रहा है, दुनिया के इतिहास में एक ऐसी अनोखी और नयी बात है, जो किसी भी अवस्था में भुलायी नहीं जा सकती। श्रीमती सरोजिनी नायडू ने जो आदर्श महिला संसार के आगे रखा है और लाखों स्त्रियों को स्वतन्त्रता के विकट मार्ग का अनुसरण करने तथा स्वाधीनता के विकट संग्राम में भाग लेने के लिए प्रोत्साहित किया है, उसका असर प्रत्यक्ष है। अब तक इस आन्दोलन में भाग लेकर सैकड़ों स्त्रियाँ जेल जा चुकी हैं तथा उन्होंने अन्य प्रकार के कष्ट झेले और त्याग किये हैं, उनकी संख्या लाखों में नहीं तो हज़ारों में अवश्य है। इस लेख में हम एक ऐसी ही वीर महिला का परिचय 'चाँद' के पाठकों को देना चाहते हैं, जिन्होंने इस आन्दोलन में भाग लेकर अपूर्व आत्म-त्याग किया है तथा अपने नगर की महिलाओं में नया जीवन डाल दिया है।

संयुक्त प्रान्त में जिन वीरांगनाओं ने इस आन्दोलन में भाग लिया है, उनमें मेरठ के सत्याग्रह दल की प्रधान नायिका श्रीमती उर्मिला देवी को किसी भी अवस्था में भुलाया नहीं जा सकता। उनके दिन-रात के अथक परिश्रम ने हज़ारों स्त्रियों में आज़ादी की उमंग पैदा कर नवीन क्रान्ति की लहर और राष्ट्रीय यज्ञ में कूद जाने की जो शक्ति पैदा कर दी, वह आगामी भारत के स्वतन्त्रता के यज्ञ में स्वर्णाक्षरों से अंकित रहेगा। उनका दिन-रात का अथक परिश्रम और ठोस तथा अनुकरणीय कार्य स्वतन्त्रता के यज्ञ में महिला-समाज का मस्तक सदा ऊँचा रखेगा। आज जो मेरठ के अन्दर हज़ारों स्त्रियों ने अपनी आहुति स्वतन्त्रता संग्राम के लिए दी है, उसका श्रेय श्रीमती उर्मिला देवी शास्त्री को ही है। अन्ततोगत्वा सरकार को भी इस बात का क़ायल होना पड़ा और उसने उस अनमोल मोती को परीक्षा की विकट अग्नि में डालकर छह मास के लिए कारागार में बन्द ही तो कर दिया। इस वीर महिला का जीवन प्रारम्भ से आज तक एक महान आदर्श और महान सन्देश का परिचायक है और रूढ़िवाद का अन्त करने के लिए शुरू से ही जो प्रयत्न उनके जीवन में हो रहा है, वह प्रत्येक समाज की महिलाओं के लिए अनुकरणीय है।

## बाल्यकाल और शिक्षा

भारत के प्राकृतिक सौन्दर्य की विभूति और पृथ्वी का स्वर्ग कश्मीर (श्रीनगर) हमारी चरित्र-नायिका का जन्म-स्थान है। उनके पिता लाला चिरंजीव लाल, जो पहले एक बैंक मैनेजर थे और बाद में जिन्होंने स्वतन्त्र उद्योग-धन्धों को तरक़्क़ी देकर काफ़ी धन-संग्रह किया, एक बहुत ही विचारवान और सज्जन पुरुष हैं। आप वर्षों से श्रीनगर आर्य समाज के प्रधान चले आ रहे हैं। आपकी पहली पुत्री

श्रीमती सत्यवती देवी बम्बई में अपने पति के साथ हैं और सत्याग्रह कार्य कर रही हैं। सबसे छोटी पुत्री प्रतिभा एक प्रतिभाशालिनी कवि हैं और अब तक अनेक कविताओं द्वारा सम्मेलनों में पदक तथा प्रशंसा-पत्र प्राप्त कर चुकी हैं। श्रीमती उर्मिला देवी लाला जी की द्वितीय पुत्री हैं। आपका जन्म सन् 1909 में हुआ। सुशिक्षित आर्य परिवार में जन्म लेने के कारण ही आपकी शिक्षा-दीक्षा का प्रबन्ध प्रारम्भ से ही अच्छा रहा। पहले आपने वर्नाक्यूलर मिडिल पास किया। उसके पश्चात् आप घर पर ही रहकर स्वाध्याय करने लगीं और थोड़े ही दिनों में संस्कृत के अभ्यास के साथ-ही-साथ हिन्दी में विशेष योग्यता प्राप्त कर ली। फिर कुछ अंग्रेज़ी का अभ्यास करने के उपरान्त आपने पंजाब आर्य प्रतिनिधि सभा की उच्च परीक्षा 'सिद्धान्त विशारद' पास की और अन्त में पंजाब यूनिवर्सिटी की सबसे ऊँची परीक्षा 'हिन्दी प्रभाकर' में उत्तीर्ण हुईं, जिसका कोर्स हिन्दी एम.ए. से भी बड़ा है।

आपका ध्यान प्रारम्भ से ही स्त्री जाति को सुशिक्षित करने की ओर था, अतः अपना शिक्षाकाल समाप्त करने के बाद आपने कुछ दिनों तक निःस्वार्थ भाव से देहरादून कन्या गुरुकुल में अध्यापिका का कार्य किया। फिर कुछ दिनों तक श्रीनगर की आर्य कन्या पाठशाला में आप अवैतनिक रूप से मुख्याध्यापिका का कार्य करती रहीं। इस कार्य में आपको इतनी सफलता प्राप्त हुई कि अपने कठोर परिश्रम और अध्यवसाय के बल से आपने उस पाठशाला को थोड़े ही दिनों में एक ऊँचे दर्जे के विद्यालय का रूप दे दिया।

## विवाह

उर्मिला देवी का जीवन प्रारम्भ से ही स्वदेशी के व्रत से दीक्षित हुआ था और समय पाकर आपके हृदय में देशभक्ति का अंकुर एक पौधे का रूप धारण कर गया। प्रारम्भिक काल में उनका ध्यान देशी उद्योग-धन्धों के साथ मिलों की उन्नति की ओर आकृष्ट हुआ। कहना न होगा कि खद्दर के महत्त्व की ओर इस समय तक इनका ध्यान आकृष्ट नहीं हुआ था। इन्हीं दिनों एक विशेष घटना ने उनके विचारों में अद्भुत परिवर्तन पैदा कर दिया। मेरठ कॉलेज के प्रोफ़ेसर पं. धर्मेन्द्रनाथ जी शास्त्री तर्क-शिरोमणि, एम.ए. अपनी गरमी की छुट्टियों में कश्मीर पधारे। श्रीनगर में उन्होंने खादी का माहात्म्य पर एक मर्मस्पर्शी व्याख्यान दिया। पण्डित जी की वक़्तृत्व शक्ति के अद्भुत जादू से शिक्षित समाज भली-भाँति परिचित है। उस व्याख्यान का असर सहस्त्रों नर-नारियों पर पड़ा, परन्तु जिस व्यक्ति ने उसे सबसे अधिक हृदयंगम किया और जिसने उस दिन से खादी की उन्नति को अपने जीवन का मन्त्र बना डाला, वह थीं उर्मिला देवी। उस दिन

से उर्मिला देवी के अन्दर खादी के प्रति ऐसी अगाध श्रद्धा उत्पन्न हो गयी कि उन्होंने खादी पहनने का व्रत धारण कर लिया।

संयोग से अदृष्ट बन्धन और भावी के अटूट विधान का निर्णय कौन कर सकता है? जीवन के प्रवाह में मनुष्य किन विचारों को लेकर न जाने क्या-क्या सोचता है, परन्तु एक अवसर उसके जीवन में ऐसा आता है जो उसके जीवन की धारा को सर्वथा नवीन क्षेत्र में प्रवाहित कर देता है। विवाह मनुष्य जीवन की ऐसी ही एक घटना है। एक आकस्मिक दैवी संयोग से दो मन किस प्रकार एक होकर सदैव के लिए जीवन की काया पलट देते हैं, यह कोई नयी बात नहीं। ता. 9 अक्टूबर 1929 के दिन श्रीनगर में उर्मिला देवी का विवाह संस्कार जात-पाँत के मिथ्याडम्बर को तोड़कर सन् 1923 के सिविल मैरिज एक्ट के अनुसार प्रो. धर्मेन्द्रनाथ शास्त्री के साथ हुआ। इस विवाह के साथ ही उनका जीवन महिला समाज के लिए एक नया सन्देश लेकर उपस्थित हुआ। वे मेरठ आयीं और यहाँ आये उन्हें दो मास भी न गुज़रे कि उन्होंने अपने जीवन के मुख्य कार्य को प्रारम्भ कर दिया।

## समाज-सुधार और स्त्री जाति की सेवा

स्त्री जाति की जो दशा हमारे हिन्दू समाज में है, वह किसी से छिपी नहीं। मनमाने अत्याचार उन पर होते हैं। वे पैरों की जूतियाँ समझी जाती हैं। उनका स्थान समाज में सिवाय पुरुषों के मनबहलाव के और कुछ भी नहीं। श्रीमती उर्मिला देवी का ध्यान इस ओर आकृष्ट हुआ और उन्हीं की अध्यक्षता में जनवरी में स्त्रियों की एक बड़ी सभा हुई। उसमें स्त्री जाति पर होने वाले अन्याय के प्रत्येक पहलू पर विचार किया गया तथा कितने ही महत्त्वपूर्ण प्रस्ताव पास हुए। एक प्रस्ताव में यह पास किया गया कि मृत व्यक्ति की मृत्यु पर उसकी सम्पत्ति का हक़ उसकी विधवा स्त्री को मिलना चाहिए। एक-दूसरे प्रस्ताव में चौधरी मुख्तार सिंह, एम.एल.सी. के आर्य मैरिज बिल में इस बात को बढ़ाने की ज़ोरदार सिफ़ारिश की गयी कि पुरुषों के लिए भी एक पत्नीव्रत होना आवश्यक है, अगर ऐसा न हुआ तो स्त्री जाति के कष्टों में एक संख्या और बढ़ जायेगी। उसके बाद उर्मिला देवी जी ने गुरुकुल विश्वविद्यालय वृन्दावन की रजत-जयन्ती के अवसर पर, आर्य महिला कॉफ्रेंस की सभानेत्री की हैसियत से, स्त्री जाति के विरुद्ध होने वाले आन्दोलन के विरुद्ध भी ज़ोरदार आवाज़ उठाई। इन सब बातों का परिणाम यह हुआ कि थोड़े ही समय में वह स्त्रियों के उद्धार का प्रयत्न करने वाली एक प्रमुख कार्यकर्त्री समझी जाने लगीं।

इसी समय देश में एक नया आन्दोलन उठा। साबरमती के उस अनोखे जादूगर ने भारत के प्रत्येक समझदार व्यक्ति का ध्यान राष्ट्र की ओर आकर्षित कर दिया। श्रीमती उर्मिला देवी इस विकट परीक्षा के समय पीछे कैसे रह सकती थीं? इस आन्दोलन के साथ ही उनके जीवन में एक नया अध्याय शुरू हुआ।

## राजनीतिक क्षेत्र में पदार्पण

छोटी-छोटी घटनाओं का भी, जिन्हें साधारण आदमी तुच्छ समझता है, महान आदमियों पर विचित्र असर पड़ता है। एक ऐसी ही घटना उर्मिला देवी के राजनीतिक क्षेत्र में पदार्पण करने का कारण हुआ।

शिवरात्रि के अवसर पर श्री धर्मेन्द्रनाथ शास्त्री को कार्यवशात् अनूपशहर जाने का मौक़ा पड़ा। इस अवसर पर श्रीमती उर्मिला देवी भी उनके साथ गयीं। बुलन्दशहर से अनूपशहर जाने वाली सड़क मुग़ल बादशाहों के समय की उन सड़कों की याद दिलाया करती है जिनमें जगह-जगह गड्ढे पड़े रहते थे और जिन पर एक दफा चलने के बाद मनुष्य को जन्म-भर उनकी याद न भूलती थी। ब्रिटिश राज्य में इन सड़कों की अवस्था मुग़ल राज्य से कुछ अच्छी नहीं है। इन पर चलने में आज भी लॉरी और मोटर के धक्के असह्य हो उठते हैं और थके होने पर भी मनुष्य पैदल चलने में ही अपनी कुशल समझता है। यह हालत देख उर्मिला देवी ने प्रश्न किया कि यह सड़क इस अवस्था में क्यों है? उत्तर मिला कि सरकार के पास इस मद में खर्च करने को एक पैसा नहीं है। उर्मिला देवी के हृदय पर इस उत्तर का गहरा असर पड़ा। उनके मन में यह विचार उठा कि जो सरकार फ़ौजों में तथा बड़े वेतनों में करोड़ों रुपया फूँक देवे, वह आज जनता के फ़ायदे के लिए एक पैसा भी खर्च नहीं कर सकती है, यह कितने अफ़सोस और शर्म की बात है। जब तक हमारा देश परतन्त्रता की शृंखला में बँधा है, तब तक यह दुरवस्था दूर नहीं हो सकती। फलतः उसी समय से उनका ध्यान देश की स्वाधीनता की ओर आकर्षित हुआ और वे कांग्रेस के प्रोग्राम के अनुसार देश-सेवा की धुन में दिन-रात रहने लगीं।

## नौचन्दी का मेला और विदेशी बायकॉट

भारतवर्ष की नुमाइशों में नौचन्दी का मेला अपना एक ख़ास स्थान रखता है। दूर-दूर के लाखों यात्री इसमें आते हैं और लाखों रुपये का विलायती कपड़ा इसमें बिकता है। मेला लगने के एक सप्ताह पहले स्त्रियों की एक सभा हुई जिसमें उर्मिला देवी ने खादी के समर्थन में एक ज़ोरदार भाषण दिया। फिर सभा

में विदेशी वस्त्रों के बॉयकॉट करने का प्रस्ताव स्वीकृत हुआ। स्मरण रहे कि मेरठ शहर में विलायती कपड़ों के विरुद्ध यह सबसे पहला आन्दोलन था, जिसमें स्त्रियों ने भाग लिया। उस समय तक किसी को स्वप्न में भी यह आशा नहीं थी कि स्त्रियाँ इस आन्दोलन में कैसे-कैसे आश्चर्यजनक काम कर दिखावेंगी। इस सभा का आश्चर्यजनक परिणाम निकला। उर्मिला देवी के नेतृत्व में तीस बहनें वालण्टियर बनीं और विलायती कपड़े पर ज़ोरदार धरना देना शुरू हुआ। इसका जो परिणाम हुआ, उसने लोगों की आँखें खोल दीं। विलायती कपड़े की बिक्री अस्सी प्रतिशत कम हो गयी। इस अवसर पर सत्तर हज़ार नोटिसें बाँटी गयीं और बहुत-सी बहनों ने उर्मिला देवी के साथ चौदह-चौदह घण्टे प्रतिदिन धरना दिया। लोग हैरान थे कि स्त्रियों में इतनी शक्ति कहाँ से आ गयी? इस मेले ने मेरठ की महिलाओं में नवीन स्फूर्ति, नवीन कर्मशक्ति पैदा कर दी और उसमें नव-जीवन का संचार हो गया।

## सत्याग्रह दल और उसका नेतृत्व

नौचन्दी के मेले के साथ ही आज़ादी की जंग छिड़ गयी और मेरठ की महिलाओं ने न विश्राम की परवाह की और न किसी प्रकार के आराम की। उन्होंने फ़ौरन महिला सत्याग्रह समिति की स्थापना की। श्रीमती उर्मिला देवी प्रधान कैप्टन चुनी गयीं और श्रीमती विद्यावती सहायक कैप्टन। फिर क्या था, मेरठ के बजाजे पर धावा बोल दिया गया और विलायती कपड़े पर धरना देना प्रारम्भ कर दिया गया। धरना इतना सख़्त हुआ कि चार दिनों के बाद ही दुकानदारों ने अपना विलायती माल तालों में बन्द कर सत्याग्रह समिति की मुहर लगवा दी तथा अपनी दुकानों को स्वदेशीमय कर दिया। इसके बाद कांग्रेस के निश्चय के अनुसार बजाजों ने विलायती कपड़ा न मँगाने की प्रतिज्ञा की और पिकेटिंग बन्द कर दी गयी।

देश के प्राण महात्मा गाँधी को लोगों के बीच से हटाकर 4 मई को गवर्नमेंट ने जब अपना मेहमान बना लिया तो जनता के अन्दर नवीन जोश और उत्साह का समुद्र उमड़ पड़ा। मेरठ में 5 तारीख़ को प्रातःकाल पौन मील लम्बा जुलूस निकला। जुलूस का रास्ता पाँच मील लम्बा था। इस जुलूस की सबसे बड़ी विशेषता इसमें शामिल होने वाली तीन हज़ार महिलाओं का विशाल समुदाय था। मई का महीना और मेरठ की गर्मी दोनों असह्य थे। फिर स्त्रियों के लिए यह पहला ही अवसर था कि वे पाँच मील तक जुलूस के साथ-साथ चलती रहें। नतीजा यह हुआ कि सब बहनें बिल्कुल थककर वापस आ गयीं। सबके इकट्ठी होने पर निश्चय हुआ कि आज का दिन एक पवित्र दिन है, तब महिलाओं का

कर्तव्य है कि आज वे उपवास रखें और तमाम दिन चरखे और खादी के प्रचार में व्यय करें। इसी के अनुसार कार्य प्रारम्भ हुआ। सत्याग्रही स्त्रियों ने अपने को सात हिस्सों में बाँटकर निश्चय किया कि प्रत्येक टोली अपने-अपने मुहल्ले में सभा करके लोगों को खादी का महत्त्व समझावे, जिससे प्रत्येक व्यक्ति पर खादी का असर पड़ सके और कोई उस महान आत्मा के सन्देश से वंचित न रहे।

ठीक बारह बजे के समय, जबकि मध्याह्न का सूर्य अपनी प्रखर किरणों से पृथ्वीतल को सन्तप्त कर रहा था, मेरठ की वीर महिलायें स्वदेश सेवा के व्रत को लेकर उस दिन मेरठ के कोने-कोने में महात्मा गाँधी के दिव्य सन्देश को जनता के सम्मुख सुना रही थीं। उस दिन भिन्न-भिन्न मुहल्लों में 74 सभायें हुईं और 2,200 आदमी खादी पहनने की प्रतिज्ञा में आबद्ध हुए। ज्यों-ज्यों लू और धूप बढ़ती थी, बहनों में उत्साह की मात्रा भी बढ़ती जाती थी। भूखी, थकी महिलाओं का यह जोश देखकर कुछ लोग डर रहे थे कि अगर किसी बहन को लू लग जाये और वह बेहोश हो जावे तो क्या किया जायेगा? उन लोगों को आश्वासन देते हुए श्रीमती उर्मिला देवी जी ने जो जवाब दिया, वह स्मरण रखने लायक़ है, ''अगर किसी बहन को लू लग जाय तो वही किया जायेगा जो युद्ध के समय होता है। जिस बहन को लू लगे वह वापस भेज दी जाये और बाक़ी बहनें आगे बढ़ती जावें।'' स्मरण रहे कि कश्मीर जैसे शीत प्रधान स्थान में रहने वाली श्रीमती उर्मिला देवी के ऊपर जत्थे के नेतृत्व का भार होने के कारण और भी ज़िम्मेदारी थी। उस दिन रात्रि की विराट सभा में भाषण देते हुए जो शब्द उर्मिला जी ने कहे, वे सुनने लायक़ थे, ''आज हमारे ऊपर आसमान की गर्मी नहीं बरस रही थी, अपितु यह प्रेम के देवता महात्मा गाँधी की प्रेममयी आग थी। मातृभूमि के सेवकों के लिए यह प्रेम की वर्षा थी, वह उसके शत्रुओं के लिए प्रचण्ड आग थी।''

सार्वजनिक क्षेत्र में स्त्रियों में इतना उत्साह शायद ही कहीं रहा हो। पूरे तीन हफ़्ते तक गर्मी की परवाह न करके घर-घर और मुहल्ले-मुहल्ले स्त्रियों ने चरखे और स्वदेशी का प्रचार किया और सहस्त्रों नर-नारियों से प्रतिज्ञा करायी कि वे आजन्म खादी पहनेंगे।

## विदेशी वस्त्र की होली

मेरठ के अन्दर विलायती कपड़े की होली का एक विशेष महत्त्व था। अन्य प्रोग्रामों के अतिरिक्त मेरठ की महिला सत्याग्रह समिति ने अपने प्रोग्राम में एक विशेष कार्य यह रखा था कि जब-जब देश में कोई महिला गिरफ़्तार होवे, तब-तब विलायती

कपड़े की होली जलायी जावे। इस प्रस्ताव के अनुसार श्री रुक्मिणी लक्ष्मीपति, श्री कमला देवी चट्टोपाध्याय, श्री सरोजिनी नायडू, श्री सत्यवती देवी और अन्त में श्री उर्मिला देवी की गिरफ़्तारी पर एक-एक विशाल होली जलायी गयी।

## विलायती कपड़े पर मोहर

इलाहाबाद में ऑल इण्डिया वर्किंग कमेटी में जब यह निश्चय कर दिया गया कि "विलायती कपड़ा बेचना जब तक लोग बन्द न करें, तब तक दुकानों पर धरना जारी रहे," तो इस निश्चय के अनुसार मेरठ में पुराना प्रोग्राम फिर अमल में लाया गया और श्रीमती उर्मिला देवी ने अपनी अध्यक्षता में महिला सत्याग्रह समिति के प्रोग्राम के अनुसार सात ही दिन में सारा विलायती कपड़ा तालों में बन्द कराकर मोहरें लगवा दीं। मेरठ में अन्य स्थानों की अपेक्षा सबसे बड़ी विशेषता यह हुई कि यहाँ उस कपड़े पर भी मोहर लगाई गयी जो भारत में विलायती सूत से बनाया हुआ था। जब माता कस्तूरबा गाँधी मेरठ में पधारीं तो उन्होंने महिला सत्याग्रह समिति के काम को देखकर कहा कि मेरठ के मुक़ाबले किसी भी शहर में बहिष्कार का काम नहीं हुआ है। इस समय तक मेरठ की हर कपड़े की दुकान पर स्वदेशी की छाप लग चुकी थी।

## शहर और ज़िले में प्रचार

श्रीमती उर्मिला देवी के व्याख्यानों का असर लोगों के दिल पर उसी प्रकार होता था जिस तरह एक सच्ची आत्मा की वाणी का होना चाहिए। वेश्याओं की एक सभा में, शास्त्रों के विरोध में और खादी व चरखे के उद्देश्य को लेकर जब डेढ़ घण्टे तक उनका व्याख्यान हुआ तो वेश्याओं का हृदय भर आया और उनकी आँखों से आँसू बह उठे। उन्होंने खादी पहनने की प्रतिज्ञा की तथा शराब न पीने की क़सम खायी।

इस अवसर पर उन्हें कभी-कभी बाहर ज़ाने का भी मौक़ा पड़ता रहा। गाँवों और क़स्बों में शराब तथा विदेशी कपड़े के बायकॉट के लिए उन्होंने कई दौरे किये। छोटे-छोटे कस्बों में भी जाकर उन्होंने कांग्रेस का महान सन्देश जनता के सामने रखा। उन्हें इसी काम के कारण कई दफा बीमारी हुई, गला बझ गया, पर धुन काम करने की ही रही। उन्होंने दवाई का सेवन करके फिर वहीं प्रोग्राम जारी रखा—ज़िले सहारनपुर में कांग्रेस की ओर से गुरुकुल के ब्रह्मचारियों के प्रयत्न से बहादुरपुर में एक बड़ी सभा हुई जिसमें उर्मिला देवी जी ने एक बड़ा ज़ोरदार भाषण दिया और लोगों के अन्दर जो एक तरह का अज्ञात भय व्याप्त हो

रहा था, उसे दूर किया। उस दिन की श्रीमती उर्मिला देवी जी की प्रभावशालिनी वक्तृता ने गाँव-गाँव में कांग्रेस का सन्देश पहुँचा दिया और उनके नाम को भी प्रसिद्ध कर दिया।

इसके बाद ही एक ऐसी घटना घटी जो आज भी एक पहेली-सी मालूम पड़ती है। तारीख़ 25 जून की रात के 1 बजे मोटर से उतरकर कुछ व्यक्तियों ने श्रीमती उर्मिला देवी के बँगले पर धावा बोल दिया। प्रो. धर्मेन्द्रनाथ शास्त्री ने कई फायर किये, पर वे लोग बँगले के कम्पाउण्ड में घुस ही आये। अन्दर तो वे न जा सके किन्तु बाद में यह पता लगा कि बँगले के द्वार पर का झण्डा वे लोग उतारकर ले गये। पुलिस ने बड़ी सरगर्मी से इस मामले की खोज की। पता चला कि फ़ौजी अंग्रेज़ अफ़सरों ने यह आक्रमण किया था। अतः मामला पुलिस के पास से फौज़ी अफ़सर के सुपुर्द हुआ किन्तु आज तक यह पता न चला कि मामला क्या था।

## अंग्रेज़ी माल का बॉयकॉट

विदेशी वस्त्र के काम से निबटकर महिला सत्याग्रह समिति ने अपना ध्यान विदेशी वस्तुओं के बायकॉट की ओर लगाया। मेरठ में बायकॉट पर भाषण देते हुए श्रीमती उर्मिला देवी ने कहा कि लोग समझते हैं कि बीमारी की हालत में अंग्रेज़ी दवा पीनी ही पड़ेगी, पर मैं कहती हूँ कि अगर अंग्रेज़ी दवा से आप तन्दुरुस्त होते हैं तो उसकी अपेक्षा मर जाना बेहतर है। आपका कर्तव्य तो इस समय यह है कि चाहे कितनी ही मुसीबतें आकर पड़ें, इंग्लैण्ड की कोई वस्तु छूना भी आप पाप समझिए।

## कृष्ण-मन्दिर में

एक परतन्त्र राष्ट्र में देशसेवा की क़ीमत जेल, बेंत, फाँसी आदि के सिवाय और क्या हो सकती है। श्रीमती उर्मिला देवी अपने कार्यों से सरकार की आँखों में खटकने लगीं और उनके लिए वह समय आ गया जो प्रत्येक देशसेवक के लिए वर्तमान समय में सबसे बड़े सौभाग्य का समय है। विगत 17 जुलाई रात के समय दस हज़ार जनता की उपस्थिति में उनका एक अत्यन्त ओजस्वी भाषण हुआ, जिसमें उनके हृदय के उद्‌गार फूट पड़े—

"प्राकृतिक सौन्दर्य का घर कश्मीर मेरी जन्मभूमि है। पिताजी का सन्देश कश्मीर आने के लिए आया है। किन्तु जेल के सौन्दर्य के आगे कश्मीर का सौन्दर्य तुच्छ है। जेल की चहारदीवारी में देश के प्राण और संसार की सबसे

सुन्दर विभूति महात्मा गाँधी बन्द हैं।" उसके बाद उसी भाषण में उन्होंने कहा, "केवल कार्य करने के लिए जेल नहीं मिलती। वह तो भाग्य से मिलती है। न जाने मेरा भाग्य कब चमकेगा।" उनके इन ओजस्वी शब्दों ने लोगों के दिलों को एकदम अपनी ओर आकृष्ट कर लिया। आपने फिर कहा, "कल का चमकता हुआ सूर्य न जाने किस-किस के लिए हथकड़ी लायेगा। यह काली भयानक रात्रि न जाने किस-किस को समेट लेगी।"

रात कटी, सुबह हुई और पाँच बजने के साथ ही मेरठ महिला सत्याग्रह समिति की प्राण श्रीमती उर्मिला देवी जेल की चहारदीवारी में बन्द कर दी गयीं। जेल जाते समय उनका मुख-मण्डल हर्ष और आनन्द से विभोर था। उस समय एक अपूर्व तेजस्विता उनके चेहरे पर विराजमान थी। सहस्त्रों आँखों ने हर्ष के साथ उस दिन उन्हें विदाई दी।

तारीख़ 19 जुलाई को मजिस्ट्रेट ने आपके मामले का फ़ैसला सुनाया। जिस समय आपसे पूछा गया कि क्या आपके व्याख्यान की जो रिपोर्ट आयी है, सच है तो आपने अभिमान से कहा, "सब सही और इससे भी ज़्यादा।" फिर आपको मजिस्ट्रेट ने कहा, "चूँकि आप लीडर हैं, इसलिए पिकेटिंग ऑर्डिनेन्स के अनुसार छह मास की सज़ा आपको दी जाती है, जो इस धारा में सबसे बड़ी सजा है।" इस पर श्री उर्मिला जी ने मजिस्टेट साहब को उनके इस पारितोषिक के लिए धन्यवाद दिया और कोर्ट से जाने लगीं। उस समय सारा कोर्ट 'महात्मा गाँधी की जय', 'उर्मिला देवी की जय' के निनाद से गूँज उठा। कई बहनों ने मजिस्टेट्र के सामने ही उन्हें फूल-मालाओं से लाद दिया। सारे नगर में इस ख़बर के सुनते ही सनसनी-सी फैल गयी और एक अभूतपूर्व शानदार जुलूस उनकी विदाई के लिए निकाला गया।

### सन्देश

जेल जाने के पहले देवी जी ने जो सन्देश जनता को दिया, उसका एक-एक अक्षर देशभक्ति की ज्वाला से भरा हुआ था। उन्होंने कहा, "मेरठ के हज़ारों भाइयों ने मुझे बहन कहकर पुकारा है। आज बहन के नाते स्वराज्य-मन्दिर में जाते हुए अपने भाइयों से एक उपहार माँगना चाहती हूँ। वह यह है कि मेरठ में एक भी ऐसा घर न बचे जो कम-से-कम एक सत्याग्रही न देवे। इस महायज्ञ में प्रत्येक घर से एक-एक आहुति पड़ जानी चाहिए जिससे इस यज्ञ की ज्वाला ऐसी प्रचण्ड होकर इतने ज़ोर से जल उठे कि तमाम ब्रिटिश साम्राज्य भस्मसात् हो जावे। मेरे भाइयो! जिस उर्मिला को आपने बहन कहकर पुकारा है, उसकी यह

छोटी-सी माँग व्यर्थ जायेगी? यदि ऐसा हुआ तो मुझे जेल की ऊँची दीवारों के बीच निराशा भरी रातें तारे गिन-गिनकर काटनी पड़ेंगी। परन्तु यदि मेरे भाइयों ने मेरी पुकार सुन ली तो जेल की कठोर ज़मीन मेरे लिए फूलों की कोमल शय्या बन जायेगी। आज विदाई के समय मैं आपकी बहन के नाते एक यही उपहार माँगती हूँ। सोचिए, इस देश में आज भाई बनने की क़ीमत क्या है?''

उस समय सहस्त्रों जनता के बीच से यह आवाज़ प्रतिध्वनित हो उठी, ''प्रत्येक घर से एक आहुति।'' क्या मेरठवासियों को अब भी अपनी वह पुनीत प्रतिज्ञा पूरी करने की धुन है? क्या मेरठ का महिला समाज उस पवित्र काम को जारी रखेगा, जिसकी सफलता के लिए उर्मिला देवी आज दिन-रात कृष्ण-मन्दिर में बैठी हुई प्रार्थना कर रही हैं?

## सन्दर्भ

1. श्री यतीन्द्र कुमार, ''श्रीमती उर्मिला देवी शास्त्री का जीवन चरित्र'', चाँद मासिक, नवम्बर 1930, पृ. 72-78

□□